KB240813

천황의 초상

지은이 타키 코지(多木浩二) 1928년 코베시(神戸市) 출생. 일본의 사상가이자 비평가(미술평론가·사진평론가). 예술학·기호론 전공. 토쿄대학 문학부 미학미술사학과 졸업한 후 토쿄조형대학(東京造形大学)·치바대학(千葉大学) 교수를 역임하였다. 저서로는『말이 없는 사고(ことばのない思考)』,『눈의 은유(眼の隠喩)』,『남겨진 집(生きられた家)』,『'사물'의 시학(「もの」の詩学)』,『모더니즘의 신화(モダニズムの神話)』,『욕망의 수사학(欲望の修辞学)』,『비유로서의 세계(比喩としての世界)』등이 있다.

옮긴이 박삼헌 1971년 서울출생. 일본근대사 전공. 고려대학교 일어일문학과를 졸업하고 코베대학(神戸大学)에서『일본근대국가의 형성과 태정관제(太政官制)』로 박사학위 취득. 현재 건국대학교 일어교육과 조교수이다. 주요논문에「明治五年天皇地方巡幸」,「1874년 지방관회의의 준비와 좌원(左院)의 역할」등이 있고, 옮긴 책으로는『삼취인경륜문답(三酔人経綸問答)』(공역),『근대일본사상사』(공역) 등이 있다.

천황의 초상

1판 1쇄 인쇄 2007년 8월 10일
1판 1쇄 발행 2007년 8월 14일

지은이 / 타키 코지(多木浩二)
옮긴이 / 박삼헌
펴낸이 / 박성모
펴낸곳 / 소명출판
출판고문 / 김호영
등록 / 제13-522호
주소 / 137-878 서울시 서초구 서초동 1621-18 (란빌딩 1층)
대표전화 / (02) 585-7840
팩시밀리 / (02) 585-7848
somyong@korea.com / www.somyong.co.kr

값 15,000원

ISBN 978-89-5626-276-5 93910

(천황의 초상)

타키 코지 多木浩二 지음
박삼헌 옮김

소명출판

일러두기

1. 일본어의 한글 표기는 다음과 같은 원칙에 따랐다.
   ① 어두음에 한해서 일본어 원음을 충실히 반영하는 형태를 취하였다.
      예) 加藤弘之 → 가토 히로유키(×), 카토 히로유키(○)
   ② 모음 「あ·い·う·え·お」가 중복될 경우에는 인명·지명에 한해서 단음으로 표기
      하였다.
      예) 大久保利通 → 오오쿠보 토시미치(×), 오쿠보 토시미치(○)
2. 인명은 처음에 한해서 일본어와 생몰연도를 표기하고, 그 다음부터는 한글만 표기
   하였다.
3. 본문의 각주는 모두 역자 주이다.

천황일가의 사진에 익숙해져 있는 지금의 우리들은 상상도 할 수 없겠지만, 일찍이 천황의 초상사진은 '어진영御真影'(정식으로는 '어사진御写真'이지만, 이 책에서는 일반적인 관습에 따라 '어진영'으로 한다)이라 불리며 천황과 동일시되었고, 그 취급을 둘러싼 일련의 의례가 만들어졌다. '어진영'에 대한 예배의례는 천황제국가를 형성하고 유지하기 위한 매우 엄격한 장치 중 하나였다.

현재 우리들이 출판물에서도 자주 보는 메이지천황明治天皇의 당당한 초상사진은 1888년에 만들어졌다. 이 연도는 대일본제국헌법의 제정(1889) 및 천황제 교육의 또 다른 기둥인 교육칙어[1]의 발포(1890)와 거의 겹쳐진다. 일찌감치 시작된 '어진영'의 하사는 이 시기부터 교육제도의 말단인 소학교에서까지 실시되었고, 그

---

[1] 메이지천황의 이름으로 국민도덕의 원천과 국민교육의 기본이념을 명시한 칙어. 1890년 10월 30일 발포된 이후 경축일 기념식에서 낭독이 의무화되었다.

결과 모든 학교에서는 경축일에 '어진영'에 대한 예배와 교육칙어의 봉독이 합쳐진 의례가 실시되었다. 시각적 이미지와 언어적 메시지가 결합되어 신민교육의 훌륭한 장치가 된 것이다.

이처럼 '어진영'이라는 사진이 제2차 세계대전 이전의 일본사회에서 수행한 정치적 역할은 막대하였기에, 이에 대한 많은 관심은 현재도 계속 이어지고 있으며 뛰어난 연구도 적지 않다. 이러한 연구들은 주로 학교로 하사된 상태와 그 범위의 확대, 학교에서 실시된 기념식의 형성과정을 중심으로 분석함으로써 신민교육의 정치적·사상적 의미를 밝혀내고 있다. 하지만 의외로 '어진영'의 형성과정에 대해서는 소홀히하고 있다.

당연한 것이겠지만, 메이지가 되었다고 해서 곧바로 천황을 사진으로 촬영하고 그 사진을 신민통치의 수단으로 삼았던 것은 아니다. 당시는 사진이 아직 충분히 보급되어 있지 않았을 뿐만 아니라 근대 천황제국가도 아직 형태를 갖추지 않았다. 하지만 조금만 시각을 바꿔 보면, 메이지유신 직후에 만들어진 여러 중요한 정책들이 새로운 국가의 권력을 '눈에 보이는' 것으로 만들려는 의도로 관철되고 있었음을 알 수 있다. 천황은 민중에게 그다지 알려져 있지 않았다. 이러한 천황을 시각화하는 정책은 뒤얽힌 국내외의 정치·사회·문화 등의 그물을 풀어내고, 천황의 양장화 과정과 함께 점차 사진으로 표현된 천황의 모습에 천황을 가깝게 만들어 갔다. 이렇듯 가시적인 세계에서 매우 복잡하게 전개된 관련성을 다루는 것이 이 책의 목적 중 하나이다. 이른바 눈에 보이지만 오히려 경험에 속하기 때문에 보기 어려운 정치의 과정을, 즉 흔히 제도를 논하는 정치학을 다른 각도에서 보려는 것이다. 왜냐하면 이 정도로 정치성을 발휘한 사진은 세계 어느 곳에서도 찾아볼 수 없기 때문이다.

19세기는 사진의 시대였다. 사진이 발명된 것은 메이지유신보다 불과 30년 전이었지만, 메이지유신 당시 서구에서는 이미 사진이 보편화되어 계층의 상하를 불문하고 침투해 있었다. 당시 사람들은 사진이 인간의 문화에 끼친 충격을 아직 감지하지 못하고 있었지만, 사실상 이제까지 없었던 경험을 하기 시작하였던 것이다.

사진이라는 발명품의 전파속도는 너무도 빨라서 일본에 전해진 것도 발명 직후였지만, 실제 보급은 메이지라는 근대국가의 발전과 더불어 이뤄졌다. 지금은 너무나도 일상화되어 버린 사진이지만, 메이지 초기는 사진이라는 시선을 처음 접하는 시기였다. 사진의 보급양태가 복잡하게 움직이면서 변화해가는 시대를 보여주는 하나의 지표이기도 했던 시대이다. 천황의 초상사진도 이러한 시대 전체의 경험 속에서 만들어졌다.

이렇게 만들어진 '어진영'이 하사되고, 이에 대한 의례가 만들어지는 과정을 통해 일본사회는 어떠한 정치적·사회적 구조에 놓이게 되었는가라는 것, 어떤 의미에서는 지금까지 상당정도 분석되어 왔던 것이 이 책의 또 다른 주제이다. 바꿔 말하자면 '천황의 시각화'라는 하나의 노선이 복잡한 정치를 살짝 비켜가면서 사진에 도달하고, 전국에 복제된 사진을 배치하고 그곳에 사람들이 살아가는 공간을 만들어 내기까지의 과정이 어떻게 전개되었는지에 관한 것이다. 이 공간이 보통 천황제국가

라고 불리는 정치공간이었다. 즉 이 책은 사진 한 장의 탄생과
그 사용이 보여주는 정치적 역사에 관한 놀라운 이야기이다.

차례

제3장_ 순행(巡幸)의 시대

제4장_ '어진영(御真影)'의 탄생

제5장_ 이상적인 메이지천황상

제1장

보이지 않는 천황에서 보이는 천황으로

1. 보이지 않는 천황

메이지유신과 천황

구(旧)막번(幕藩)시대에는 천황과 장군이라는 이중적 권력구조를 어떻게 이해할지가 호리 케이잔(堀景山)(1688~1757),[2] 쿠마자와 반잔(熊沢蕃山)(1619~1691),[3] 모토오리 노리나가(本居宣長)(1730~1801)[4] 등과 같은

---

[2] 에도 중기의 유학자. 모토오리 노리나가(本居宣長)에게 유학을 가르쳐 준 것으로 유명하다.

[3] 에도 전기의 유학자. 주자학과 양명학 어느 학파에도 속하지 않고, 마음(心)은 만물의 근원인 태허(太虛)와 동일하다며 마음속에 있는 도리를 체득하는 '심학(心学)'을 주장하였다.

여러 학자와 이데올로그들을 고민하게 만들었다. 막말幕末에 이르기까지 천황이 진정한 주권자이고 장군은 단순히 그 대리자에 불과하다는 합리적인 의견은 제기되지 않았다.

하지만 에도시대에 제출된 권력론의 내용과 변천이 어떻든 간에 후지타 쇼조藤田省三 씨가 말하듯이, 봉건시대의 천황은 대체적으로 "장군에 의해 권위가 유지되고 장군의 필요에 의해 수시로 제한을 받는 '소극적 권위'"에 불과하고, 메이지 변혁은 이러한 "봉건적 권위가 수동적으로 명목상으로나마 권력주체를 바꿔치운" 사건이었다고 생각하는 게 타당할 것이다. 따라서 천황친정天皇親政을 슬로건으로 삼아 유신을 실행한 당시의 혁명가들에게도 봉건적 권위를 대신하여 졸지에 권력주체가 된 천황은 너무도 그 존재가 미지수였다. 또한 천황은 메이지가 된 지 얼마 되지 않은 당시 일반인들의 눈에 명확히 보이는 존재가 아니었다.

1868년에 오쿠보 토시미치大久保利通(1830~1878)[5]는 수도를 오사카大阪로 옮길 것을 제안하였고, 이것이 받아들여지지 않자 곧바로 이와쿠라 토모미岩倉具視(1825~1883)[6]에게 천황의 오사카친정大阪

---

4) 에도 중기의 국학자. 『코지키(古事記)』 등의 연구를 통해 중국을 숭배하는 카라고코로(漢意)를 비판하고 황국(皇国)의 우월을 주장하였다.

5) 사츠마번(薩摩藩) 출신. 메이지유신의 지도적 정치가. 같은 번 출신 사이고 타카모리(西郷隆盛), 초슈번(長州藩)의 출신 키도 타카요시(木戸孝允)와 함께 '유신 3걸'로 불린다. 이와쿠라사절단의 부사(副使)로 참가하였고, 1873년에 귀국한 뒤 정한론 정변에서 내치우선을 주장하였다. 정한론정변 후에는 초대 내무경을 역임하면서 1878년에 근대일본 최초의 통일적 지방자치제도인 '삼신법(三新法)'을 제정하는 등 사실상 정부의 정책을 주도하였다. 1878년 세이난전쟁(西南戦争) 직후 시마다 이치로(島田一郎, 1848~1878)에 의해서 암살되었다.

6) 막말유신기의 쿠게(公家) 출신 정치가. 오쿠보 토시미치 등과 함께 왕정복고 쿠데타를 감행하여 유신정권의 중심인물이 되었다. 1871년 폐번치현 이후 특명전

親征을 건의하여 실현시켰다. 또한 아직 토호쿠東北와 홋카이도北海
道에서 내전이 계속되고 있던 그해 가을에는 당상공경堂上公卿7)들
의 반대에도 불구하고 천황의 동행東幸8)을 강행하는 등, 전통과
인습이 남아 있는 쿄토京都에서 천황을 분리시키는 데 이상할 정
도로 열의를 보였다.

오쿠보 토시미치는 권력이 보이지 않기 때문에 발생하는 정
치적인 약점과, 권력은 보이도록 해야 한다는 정치의 시각적 기
술이 지니는 의미를 가장 잘 이해하고 있던 정치가였다.

천도를 제안했을 당시 그는 아무도 볼 수 없는 천황의 존재
방식에 대해 "궁정 깊은 곳에 천황을 모셔두고 공경公卿 외에는
아무도 볼 수 없는 상태"라고 표현하면서 이는 천황을 무시해온
오랜 폐해라고 지적한 후, 이렇듯 "너나 할 것 없이 모두가 천
황을 지나치게 고귀한 존재로 여겼던 결과, 천황과 민중의 거리
감이 초래되었다"고 서술하고 있다.

민중과 천황

사실 봉건시대에는 천황이 민중의 현실생활에 권력으로 침투
할 여지가 없었다. 민중의 입장에서는 천황의 존재를 알고는 있
지만 어떤 직접적인 관계는 없는 존재였다.

메이지유신과 함께 권력의 교대가 이뤄지고 새로운 정치형태

권대사의 자격으로 구미 12개국을 회람하는 이른바 이와쿠라사절단을 이끌었다.
7) 4위(位)·5위(位)의 쿠게 중에서 뽑힌 천황의 측근. 이들은 천황이 거주하는 세
료덴(清凉殿)의 출입을 허가 받았다.
8) 1868년에 실시된 메이지천황의 토쿄행행(東京行幸)을 줄인 역사적 용어이다.
참고로 행행(行幸)은 임금이 궁궐 밖으로 거동하는 것을 의미한다.

가 시작되었다고는 하지만, 민중의 생활이 봉건시대로부터 갑자기 변화할 리는 없었다. 국가전체의 교통을 가로막고 있던 세키쇼関所9)가 무엇보다도 먼저 철폐되면서 가능하게 된 자유로운 통행을 통해 적어도 명목적으로는 국가라는 공간이 국토 전체를 아우르게 되었지만, 이로써 국가가 확립된 것은 아직 아니었고 이제부터 여러 정책과 전략이 만들어 낸 기구가 국가로 되려는 단계였다.

문명개화의 파도가 밀려오기 시작했다고는 해도, 민중의 신체를 둘러싼 공간의 질이 변한 것은 훨씬 나중의 일이었다. 새롭게 정치가와 관료가 된 무사나 원래부터 지방의 지배세력과 어떠한 형태로든 관계를 맺고 있던 상층민중과는 달리 일반민중은 천황에 대해 무관심했던 봉건시대 이래의 상태대로 메이지라는 시대를 시작했다. 그리고 이러한 엘리트와 비非엘리트 사이의 의식차이는 메이지 시기에 계층성으로 지속된다.

천황의 시각화

오쿠보 토시미치 등은 무엇을 할 것인지 잘 알고 있었다. 즉 오랫동안 지속되어 온 봉건시대의 천황과 민중의 소원한 관계가 새로운 국가의 권위를 만들어 내는 데 방해가 되고, 이것을 타파하기 위해서는 우선 천황을 일반사람들의 눈에 보이는 존재로 만들어야 함을 알고 있었던 것이다. 오사카친정이나 동행東幸 등과 같은 일련의 정책에 의해서 그 자체가 정치적이라고는

---

9) 막부와 각 번들이 치안유지를 위해 교통의 요지에 설치한 검문시설.

말할 수 없는 천황의 시각화를 수단으로 하는 하나의 정치적 역사가 시작되었다.

천황 자신 또한 본인도 모르는 사이에 오랜 관습에서 갑자기 외부세계로 끌려나오는 경험이었음에 틀림없다. 『메이지천황기明治天皇紀』가 하마구리고몽蛤御門의 변10)으로 궁정소동이 발생했을 때 실신했다고 적고 있을 정도로 당시 친왕親王이었던 메이지천황은 아직 어렸다.

메이지 초기의 정치가가 안고 있던 두 가지 커다란 과제는 천황의 시각화와 천황의 교육이었고, 이것은 다른 모든 정책과 암암리에 결부되어 있었다. 오쿠보 토시미치는 이와쿠라 토모미에게 제출한 「정부의 체재体裁에 관한 건언서」(1869년)에서 "천황은 아직 어려서 교육이 필요하므로 지도할 자를 선임하는 것이 현재 가장 중요하다"며 천황교육(군덕함양)의 중요성을 주장하였고, 또한 이를 서둘렀다.

하지만 현실의 정치는 천황의 성숙을 기다리고 있지만은 않았다. 궁정 깊은 곳에 있던 천황을 사회라는 가시적인 공간으로 끌어내서 그 내실과는 상관없이 민중에게 위력적으로 보이도록 만들어야만 했다. 이것은 비단 국내적인 이유만이 아니라, 외교 상대가 막부에서 새로운 국가로 변한 것에 대해 경계심을 강하게 품고 있는 여러 외국이 새로운 국가를 승인하도록 만들기 위해서라도 매우 긴급한 사안이라고 생각되었다.

---

10) 존왕양이를 주장하는 초슈번(長州藩)과 당시 막부를 옹호하던 아이즈번(会津藩)·사츠마번(薩摩藩)이 1864년 7월에 쿄토 어소(御所)의 하마구리고몽 부근에서 싸운 사건. 킨몽(禁門)의 변이라고도 함.

이와쿠라 토모미나 오쿠보 토시미치 등은 천황을 받드는 것을 통해 막부타도에 성공하고 권력을 탈취한 이상, 유신 당시 정치가들의 의식과 무의식을 통해 존재했던 '국가'라는 권력은 국내적으로든 국외적으로든 천황을 받들면서 기능하는 메커니즘으로 파악되고 있었다. 천황이 없으면 그들의 존재기반이 성립할 수 없었던 것이다. 마침내 천황의 시각화 자체는 오쿠보 토시미치가 생각했던 것 이상으로 광범하게 정치적인 전략에 속하는 '기술'로 발전해갔다.

궁정을 나온 천황

이리하여 천황은 궁정을 나와 바깥 땅을 밟게 되었다. 엄밀하게는 1867년 말에 실시된 사츠마薩摩·초슈長州·아키安芸·토사土佐의 병사들이 조련하는 것을 황거皇居 문 앞에서 관람한 것이 최초이지만, 민중과의 관계에서는 오사카친정이 최초의 외출이다.

하지만 자발적으로 외출한 것이 아니었기 때문에, 밖으로 나갔다고 해서 천황이 급속도로 전통을 버리고 활동적이 된 것은 아니다. 오사카친정 당시 영국공사 해리 팍스Harry Smith Parkes(1828~1885)11)와 함께 천황을 알현했던 외교관 어네스트 사토Sir Ernest Mason Satow(1843~1929)12)의 회고록에 따르면, 천황은 아직 전통적인

---

11) 1865년부터 1883년까지 영국공사로 일본에 부임한 외교관. 이후 북경주재 영국공사와 조선주재 전권공사를 역임하였다.
12) 1861년 영국 외무성에 입성하여 통역견습생으로 중국에 부임한 후, 다시 1862년 9월에 주일 영국공사관의 통역견습생으로 일본에 왔다. 1883년까지 일본에 머문 후, 1884년부터 1887년까지 태국주재 총영사대리, 1889년부터 1893년까지 우루과이 주재영사, 1893년부터 1896년까지 모로코 주재영사를 거쳐 1895년에

세계 속에 있는 활발하지 못한 군주라는 인상을 주고 있다. 왜냐하면 하얗게 화장을 한 채, 알현자에게 직접 말을 건네지 않고 천황의 말을 전달자(山階宮13)가 전하는 간접적인 방법에 의한 전통적 알현이었기 때문이다.

2. 민중의 정치적 경험인 니시키에(綿絵)

절대주의의 정치기술

오쿠보 토시미치 등의 시각화 전술이 성공한 것일까. 아니면 유신이라는 뉴스에 자극을 받은 것일까. 이미 1868년에는 신기하게도 천황의 시각적 이미지가 조금씩이나마 세상에 등장하기 시작하고 있다. 1868년에 있었던 일련의 사건을 그린 몇 종류의 니시키에(綿絵14)에 처음으로 '천황'상(像)이 등장한 것이다. 그때까

다시 주일 특명전권공사로서 일본에 왔다. 말년에는 영국의 일본학 발전에 기초를 마련하는 등 저술활동에 전념하였다.

13) 야마나시노미야(山階宮)는 에도 말기에 아키라친왕(晃親王, 1816~1898)이 창설한 궁가(宮家). 아키라친왕은 막말에 국사여용괘(国事御用掛)를 역임하고, 메이지유신 이후에는 의정(議定)·외국사무총독(外国事務総督) 등의 요직을 역임하였다.

14) 에도시대 우키요에(浮世絵) 화가 스즈키 하루노부(鈴木春信, 1725~1770)가 히라가 겐나이(平賀源内, 1728~1780)와 함께 1765년 이후 개최한 회력교환회(絵暦交換会, 당시의 태음력에서는 해마다 대월(大月)과 소월(小月)이 바뀌었기 때문에 그림으로 월의 대소를 표시한 것이 회력)에서 다양한 디자인의 회력를 선보

지 천황이 민중에게 얼마나 동떨어진 존재였는지를 생각해보면, 이와 같은 이미지의 출현은 민중의 관심이 확대되었음을 보여주는 뚜렷한 징후였다.

니시키에에 천황이 등장하는 것은 결과적으로 보면 오쿠보 토시미치 등의 의도대로인 것처럼 보이지만 실제로는 성질이 전혀 다른 것이었다.

오쿠보 토시미치 등이 생각한 천황의 시각화는 권력을 보여주고 또는 신하에게 보는 것을 요구함으로써 권력을 유지한다는 점에서 서구 절대주의의 정치기술과 매우 흡사했다. 이러한 형태의 정치기술은 루이 14세^{Louis XIV}(1638~1715)의 궁정에서 전형적으로 나타났다. 그는 취침이나 기상^{起床}까지 의례화하여 자신의 살아있는 신체를 일종의 주물^{呪物}로 바꿀 정도로 신하들에게 자신을 보도록 강제함과 동시에, 왕의 신체에 가까울 수 있는 정도를 특권으로 신분화하는 두 가지 수단으로 귀족을 장악하고 그 욕망을 조작하여 권력을 유지하였다. 서구 절대주의에서는 정치기술이 지극히 시각적이었는데, 이는 예술과 권력 또는 왕들이 도시를 방문할 때의 입성 퍼레이드나 궁정 가면극, 심지어 웅장한 궁전건축이나 정원에도 반영되었다. 이러한 예술들에 의해서 왕은 보이는 존재가 되었다.

오쿠보 토시미치 등의 정치적 목적이 당장 근대국가를 지향했다기보다 일단은 절대주의적 국가를 경유하려고 했던 것처럼, 그들이 사용한 시각적 기술도 근대적이라고는 말할 수 없었다.

이기 위해 제작한 우키요에의 다색도(多色度) 판화. 이후 우키요에 판화의 대명사가 되었다.

오래된 전통에 뿌리를 두고 있는 시각화 방법이 처음부터 이러한 서구 절대주의의 경우와 모두 일치할 수는 없었다.

니시키에에 등장한 천황

1868년에 실시된 천황의 즉위, 오사카친정, 동행東幸 등이 니시키에로 그려지고, 이것들이 상당수 퍼진 것은 민중차원의 정치적 경험을 명확히 보여준다. 이 경험은 오쿠보 토시미치 등이 생각했던 것과는 다른 구조로 움직이고 있었다. 니시키에의 이미지는 어떤 구조를 지니고 있었을까.

우선 천황의 모습을 그렸다고는 하지만 결코 사실적인 초상이 아니다. 이것은 니시키에의 전통적인 소재로부터 선택된 유형적 표현이었다. 하지만 그 이상으로 흥미로운 것은 이러한 니시키에의 대부분이 메이지천황을 그렸다고 밝히지 않는다는 점이다.

예를 들어 하세가와 사다노부長谷川貞信(1848~1941)[15]가 그린 『즉위 그림御即位之図』(1868)에는 실제의 천황보다 훨씬 나이 많은 청년이 가림막 안쪽에 긴 머리에 작은 관을 쓰고 앉아 있는데, 이 그림의 설명에는 '진무천황神武天皇의 즉위'라고 적혀 있다. 하지만 출판 시기나 참석자들의 복장을 보더라도 이 그림을 보는 사람들이 그 의미를 잘못 받아들일 리가 없었다.

---

15) 니시키에 화가 하세가와 사다노부는 현재까지 5대째 이어지고 있다. 1대 사다노부(貞信, 1809~1879)는 막말기에 쿄토를 배경으로 하는 쿄토 그림(上方絵)의 대표자 중 한 명이다. 주로 배우 그림(役者絵), 미인화(美人画), 풍경화(風景画) 등을 그렸다. 2대 사다노부는 쿄토·오사카·코베(神戸)의 메이지개화기 풍속과 신문삽화 등을 그렸다. 이 책에서 인용한 것들은 모두 2대 사다노부의 작품이다.

『즉위 그림(御即位之図)』(부분), 長谷川貞信, 1868년

이외에도 토쿠가와 요시노부德川慶喜(1837~1913)[16]가 도망간 뒤의 오사카낙성大阪落城을 과거의 오사카하진大阪夏陣[17]에 비유하면서 키무라 나가토木村長門(1593~1615)나 미요시 세이카이三好清海(1528~1615) 등과 같은 당시의 무사들 이름까지 일부러 기입하여 그린 것(一孟斉芳虎, 1868년), 철포를 지닌 병사들의 호위를 받는 메이지 천황의 오사카친정을 닌토쿠천황仁徳天皇(257~399)의 나니와행행難波

16) 에도막부의 제15대 쇼군(将軍). 1866년에 장군이 된 후 막말의 내우외환을 타개할 목적으로 1867년에 대정봉환(大政奉還)을 실시하였지만, 토막파의 왕정복고 쿠데타로 실패하였다.
17) 에도막부가 전국의 다이묘(大名)들을 동원하여 토요토미씨(豊臣氏)를 오사카성에서 멸망시킨 전투. 1614년 10월부터 12월까지의 전투를 오사카동진(大阪冬陣), 1615년 4월부터 5월까지의 전투를 오사카하진(大阪夏陣)이라 부른다.

行幸이라고 제목붙인 것(長谷川定信, 1868년), 오사카친정 당시 텐포산天保山에서 실제로 실시된 군함검열의 관람을 진구황후神功皇后18)의 삼한정벌이라고 제목 붙인 것(長谷川定信, 1868년), 천황친정을 누구라고 특정할 수 없는 쿠게公家의 옷차림을 한 지체 높은 사람의 순유도巡遊図로 그린 것(六花園芳雪, 1873년) 등과 같이, 니시키에 화가들은 본래의 의미를 숨기는 여러 가지의 수사적 기법을 사용하고 있다.

이러한 니시키에를 보면, 분명 천황은 이제 서서히 민중의 호기심을 자극하는 존재가 되어가고 있었음을 알 수 있다. 하지만 여기에서 한 가지 의문이 생긴다. 막부가 망하고 그때까지 있었던 니시키에에 대한 검열제도가 일단 1874년까지 형식적으로나마 남아 있었다고는 해도, 신정부가 내무성을 통해 새롭게 실시한 검열제도는 1875년까지 실시되지 않았다. 그럼 왜 이렇듯 간접적이고 수사적인 표현을 사용했을까.

출판자가 자기규제를 했다고 보는 사람들도 있다. 아니면 니시키에에는 장군을 직접 그리지 않았던 에도시대의 관습이 남았던 것일지도 모른다. 양쪽 다 맞을 수도 있지만, 이보다 본질적인 측면이 있었다. 니시키에가 원근법적 기법을 받아들였다고는 하더라도 그 이미지에는 사실적이라기보다 다분히 상상적인 게사쿠戱作19)의 요소가 남아 있어서 비유의 정도가 강했다.

---

18) 추아이천황(仲哀天皇)의 황후이자 오진천황(応神天皇)의 어머니. 『코지키(古事記)』와 『니혼쇼키(日本書紀)』에서는 진구황후가 추아이천황의 사후에 신라를 정벌하고 백제와 고구려를 귀속시켰다고 전하고 있다.
19) 에도후기의 골계성이 강한 소설류를 뜻하는 문학사 용어.

니시키에와 민중의 상상력

이러한 니시키에의 게사쿠적 경향에는 니시키에가 지니고 있던 본래의 성질 또는 관례화된 수법이 있었다. 원래 니시키에나 카와라반^{瓦版}[20)은 쿠로부네^{黑船}[21)의 내항 이래 발생한 막말기의 소요에 대한 뉴스를 항간에 유포하는 역할을 수행했는데, 이것들은 설령 정치적 사건이라 할지라도 사실을 정확히 전달하기보다는 예전에 있었던 역사적 사건에 빗대어 현재의 사건을 묘사하는 '의고화^{擬古画}'이거나 의미를 빗댄 '풍자화'였다. 어느 쪽이든지 이것은 넓은 의미에서 비유적인 수법이었다.

예를 들어 니시키에 화가들은 프랑스·영국·미국·네덜란드 4개국 함대에 의한 초슈공격을 카토 키요마사^{加藤清正}(1562~1611)에 빗대어 『키요마사 삼한퇴치 그림^{清正三韓退治図}』으로 그렸다. 그저 설명문을 바꿀 뿐인 경우도 있다. 이때 그림에 적혀 있는 언어는 그림의 의미를 가리키고, 한정적이긴 하지만 그림 자체의 내용은 분명하기 때문에 제목을 바꾸는 것은 그저 명목적이거나 유희적인 것에 불과하다. 정치적 사건이 아닌 경우, 예를 들어 겐지 그림^{源氏絵}[22)처럼 괴상한 표현이 되는 경우에도 사건은 그대로 전달하고 있었기 때문에, 정치적 사건의 경우에 행해진 수

---

20) 에도시대에 찰흙에 글자나 그림을 새겨서 기와처럼 구운 인쇄판 또는 이것으로 인쇄한 것. 메이지 초기까지 사용되었으며 지금의 신문에 해당한다.

21) 미국의 페리(Matthew Calbraith Perry, 1794~1858)가 일본의 개국을 요청하기 위해 타고 온 군함을 말한다. 그 군함의 모습이 검은색이었기 때문에, 이후 '쿠로부네'는 서양의 강압을 의미하는 단어로 통용되었다.

22) 『겐지모노가타리(源氏物語)』를 소재로 삼아 그린 그림의 총칭. 에마키(絵巻)·병풍화 등 다양한 종류가 있다.

사적 표현은 막부에 의한 검열을 피하기 위한 것이기도 하는 한
편, 그 이상으로 적극적인 의미를 지니고 있었다.

그것은 통속적인 연극(풍속물)에 가까운 민중의 상상력으로 사
실을 받아들였다는 것이다. 사건은 그 진상을 알 수 있도록 그
려지기보다 정념情念을 축으로 한 모노가타리적物語的23)인 이미지
로 소비되도록 그려졌던 것이다. 가령 어느 한 정치적 사건을
그린 니시키에가 있다고 하자. 니시키에 화가는 그것을 하나의
이야기로 그려내지만, 우리들은 그곳에서 어떤 한 종류의 언어
적 요약을 찾아낼 수 있다. 예를 들어 '메이지천황이 즉위했다'
는 요약은 '사실事実'에 해당한다. 니시키에도 이것에서 출발하지
만, 사건을 요약할 수 있는 사실이 아니라 모든 표현수단을 동
원하여 상상으로 만들어진 현실인 '모노가타리적' 구성을 시도
하는 것이다.

이러한 표현에는 적건 많건 일정한 유형이 있었다. 니시키에
의 내용이 정치적인 사건이면 이것은 민중의 정치적 경험의 유
형을 보여준다고 할 수 있다. 민중은 사건 그 자체보다도 허구
화된 모노가타리의 세계 속에서 살아왔지만 현실을 대상화하지
는 않았다.

여기에서 한 가지 덧붙여 두어야 할 것은 이러한 게사쿠적
경향에는 모든 것을 골계화하고 웃어 버리는 건강한 민중의 에

---

23) 모노가타리(物語)는 주로 헤이안시대(平安時代) 이후에 등장한 산문형식의 문
학작품을 말한다. 하지만 이 책에서 사용된 '모노가타리'라는 용어는 산문형식
을 의미한다기보다, 사건 또는 인물에 대해 한편의 드라마를 보여주듯이 서술하
는 것을 의미한다.

너지가 숨겨져 있고, 그 웃음은 유신 당시의 정치를 그린 니시키에에도 나타나 있다는 점이다. 예를 들어 유신기의 전쟁을 아이들의 전투놀이나 단오절 놀이[24]로 바꿔 그린 니시키에에도 있었다. 아이들 중에는 에보시烏帽子[25]를 쓴 특별한 아이가 있는데 이것이 천황이었다.

정치적 사건의 도상화図像化를 정치적 상징으로 할지, 아니면 유희로서 패러디할지의 차이는 미묘하게 뒤섞여 있어서 어느 쪽이라고 판정하기 어려운 지점에 바로 민중의 시점이 있었다.

민중사회의 정보회로

이렇게 보면 오쿠보 토시미치가 탄식했던 바와 같이 막부시대의 천황은 분명히 보이지 않도록 규정지어진 존재였지만, 이미 막부시대부터 일본의 민중사회는 결코 이미지나 미디어가 결여된 사회가 아니었다. 발생한 사건에 대한 정보를 모노가타리적인 이미지로 다시 발언하는 별도의 회로가 사회에 갖춰져 있었던 것이다.

메이지유신 이후, 장군을 대신하는 천황친정에 관한 뉴스가 일단 전해지자 민중사회는 이 단편적인 뉴스를 토대로 삼아 자유자재로 천황을 모노가타리적 이미지로 만들어냈다. 따라서 천황이 실제로 보이기 전에 천황은 상상된 이미지로서 사회에 나타날 수 있었다. 이미지가 사건보다 선행하는 경우도 있었다. 나중에 서술할 동행東幸의 경우, 아직 동행이 실시되지 않은 시

---

24) 창포로 장식한 투구를 쓰고 편을 갈라 돌싸움을 하는 놀이.
25) 성인의례를 치른 쿠게나 무사가 쓰던 건(巾) 중 하나.

기에 동행에 관한 니시키에가 출판되었던 것도 그 한 예이다. 이미 언급했던 즉위나 오사카친정의 경우에도, 천황은 아직 자신의 모습을 민중에게 보여주지 않았음에도 불구하고 천황의 모습은 상상되어 그려져 있었다.

앞에서 언급한 바와 같이 사실을 하나의 모노가타리로 만들어 버리는 조작 자체가 이미 민중의 정치적 경험이다. 게사쿠에는 정치성이 있었다. 하지만 이 정치적 경험은 현실을 충분히 대상화하여 보는 것이 아니기 때문에, 가치의 해체작용이라는 '유희'를 동반하지 않으면 훨씬 교활한 정치가 나타났을 때에는 그 조작 속에 완전히 회수되어 버릴 수도 있다. 아마도 그러한 때에 이런 종류의 모노가타리적 허구는 현실적 정치에 저항할 수 없거나 그것에 동조마저 하게 된다.

이러한 예는 예전에도 있었다. 천황의 위치가 점차 확실해져 천황제가 확립되면, 모노가타리가 지니는 본래의 애매함을 이용한 니시키에가 한층 더 분명한 천황숭배의 맥락 속에 놓이게 된다. 메이지도 6년이 지나 1873년이 되면, 우타가와 요시유키歌川芳雪 (1835~1879)[26]가 천황을 그저 쿠게처럼 애매하게 그린 니시키에에, 이 그림은 함부로 다뤄서는 안 된다는 지시가 기입되기 시작하였다. 이미 게사쿠적 태도가 없어지고 천황에 대한 외경심의 강화를 침투시키는 기능으로 바뀌어 간 것이다. 정작 작가는 의식하지 않았겠지만, 이미 1868년에 그려진 '의고화擬古画'의 제목에 진무천황神武天皇이나 진구황후神功皇后 등과 같은 이름이 들어 있는

---

26) 오사카 출신으로 메이지 시기의 풍속화를 그린 작품이 많다. 롯카켄(六花軒) 등의 호를 사용하였다.

것도 천황을 신화화하는 징후였다.

3. 동행(東幸)—봉련(鳳輦)이 가다

동행의 정치적 의미

1868년 9월, 천황의 행렬은 건례문^{建礼門}을 나와 에도를 향한 20여 일의 여행을 시작하였다. 보통 동행^{東幸}이라 불리는 대규모 순행^{巡幸}이다. 행렬은 가도^{街道}에 있는 숙역^{宿駅}에 머물면서 천천히 일본열도의 중심부를 향해 동쪽으로 향하였다.

동행도 국가권력의 확립을 서둘렀던 초기의 정책 중 하나였다. 동행은 공식적으로 한 번도 선언된 적 없는 토쿄천도를 예고하는 것이었다. 무엇보다도 역사상 처음으로 천황이 토카이도^{東海道}[27]를 지나갔던 것인 만큼 구체적인 영향을 끼치지 않을 수 없는 정치적 사건이었고, 무엇보다 천황의 권위를 시각적으로 감지시키는 선전^{demonstration}의 기회였다.

이 시각적 행렬은 당연히 수많은 니시키에의 주제가 되었다.

---

27) 에도시대에 정비된 고카이도(五街道) 중 하나로, 에도에서 쿄토까지 연결하는 도로이다. 막부는 이 도로를 모두 후다이다이묘(譜代大名)의 영지로 삼고 53개의 역을 설치하였다. 참고로 후다이다이묘는 에도막부가 세워지는 결정적인 전투인 세키가하라(関が原) 전투 이전부터 토쿠가와씨의 신하였던 다이묘로, 막부의 요직에 취임할 수 있었다.

이 '행렬 그림'을 그린 니시키에는 당시의 니시키에 중에서도 가장 잘 팔리는 것이었다고 한다. 하지만 오사카친정을 그린 니시키에와는 인상이 매우 다르다는 점을 부정할 수 없다. 니시키에의 화풍이 다른 것은 민중이 받아들이는 방식이 단기간내에 급속도로 변했음을 간접적으로 반영하고 있다.

이 점에 대해 좀 더 구체적으로 알아보도록 하자. 완전하지는 않지만 조사한 바에 의하면 동행을 그린 니시키에의 특성은 다음과 같다.

첫째, 행렬은 토카이도 전체를 지나고 있지만 유별나게도 토쿄 근처에서 토쿄에 들어가는 정경을 그린 니시키에가 많다. 토쿄 근처의 로쿠고^{六鄕}에 급히 만들어진 후나바시^{船橋}를 건넌다거나, 시나가와^{品川}에서 시바^芝와 긴자^{銀座}를 지나 고후쿠바시^{吳服橋}로부터 에도성으로 들어가는 모습은 연속된 필름을 보듯이 시시각각 그려지고 있다. 토쿄와 직접 관련이 있는 주제가 많은 것은 민중이 동행에서 받은 가장 큰 인상이 정권의 결정적인 교대였기 때문이다. 따라서 지금까지 300년도 넘게 막부의 거점이었던 에도성에 천황이 접근함에 따라 동행의 정치적 의미는 급속도로 강해졌다.

결정적인 장면은 에도성으로 입성하는 것이다. 카이사이 요시토시^{魁斎芳年}(1839~1892)²⁸⁾의 『메이지천황 동행 치요다 입성 그

---

28) 메이지 시기를 대표하는 니시키에 화가 츠키오카 요시토시(月岡芳年)이다. '카이사이'는 그의 호이고 '잇카이사이(一魁斎)'라고도 한다. 1850년에 우키요에 화가 우타가와 쿠니요시(歌川国芳, 1798~1861)의 제자가 되었다. 막말에는 역사상 사건이나 시대풍조를 반영한 작품이 많고, 메이지 시기에는 『니시키에신문(錦絵新聞)』『에이리지유신문(絵入自由新聞)』의 삽화를 그렸다. 풍경화를 제외

『메이지천황 동행 치요다 입성 그림(明治天皇御東幸千代田御入城之図)』, 魁斎芳年, 1868년

림明治天皇御東幸千代田御入城之図』(1868년)은 두 개의 시점을 설정하여, 가까워졌다가 멀어져가는 행렬의 운동을 생동감있게 표현하는 화법을 만들어낸 '행렬 그림'의 걸작이지만, 실은 천황의 동행보다 두 달 빨리 출판된 상상도이다. 이 시점時点에서 이러한 입성 장면을 그림의 소재로 선택한 것은 동행의 의미를 단적으로 표현하고 있다. 민중에게 동행이라는 정치적 사건은 존황도막尊皇倒幕이라는 이데올로기보다 훨씬 효과적인 권력교대극의 시각적인 공연이었다.

***

한 모든 분야에서 뛰어난 재능을 발휘하였고, 특히 '잔혹한 그림(残酷絵)은 근대 일본 작가 아쿠타가와 류노스케(芥川竜之介, 1892~1927), 타니자키 준이치로(谷崎潤一郎, 1886~1965), 미시마 유키오(三島由紀夫, 1925~1970) 등에게 많은 영향을 주었다.

풍경화로 그리다

둘째, 이러한 니시키에에는 '토카이도 53차^{東海道五十三次}'29) 등과 같이 본래 여행을 주제로 하는 가도^{街道}를 그린 것들과 매우 비슷하다. 천황의 행렬을 주제로 하고 있음에도 불구하고 그 표제에는 풍경밖에 드러나 있지 않은 것들이 많았다.

이미 서술한 바와 같이, 이 시대에 니시키에가 정치적 사건을 그렸을 때에는 반드시 어떠한 의미로든지 과거에 있었던 수사적인 방법으로 사태를 완곡하게 표현하였다. 이 경우도 큰 틀에서는 동일하다. 하지만 여기에서는 이른바 의고적^{擬古的} 수법을 사용하지 않고, 그때까지 수많은 우키요에^{浮世絵}의 걸작이 만들어졌던 풍경화를 모방하고 있다. 원래대로라면 역사화로 그려져야 할 것이 풍경화로 장르를 바꿔서 그려진 것이다. 이것은 모노가타리적 허구가 여정의 인상으로 변화한 것이라고 볼 수 있다. 당연히 많은 수의 니시키에는 천황의 행렬임을 명시하지 않고 있다. '행렬 그림'을 자주 그린 카이사이 요시토시가 붙인 니시키에의 제목은 『부슈 로쿠고 선도 그림^{武州六郷船渡之図}』, 『토쿄후 나카바시 토오리초 그림^{東京府中橋通町之図}』, 『토쿄후 쿄바시 그림^{東京府京橋之図}』 등과 같이 지명이나 풍경을 나타내고 있는 경우가 많다(모두 1868년).

이러한 니시키에를 그릴 때 화가들은 정치적인 배려만이 아니라 미적인 배려도 고려했을 것이다. 예를 들어 카이사이 요시토시가 반드시 다리가 있는 풍경을 구도로 이용한 것은 미적인

---

29) 에도(日本橋)와 쿄토(三条大橋)에 걸친 토카이도(東海道)의 53개 숙박소를 중심으로 그린 우키요에.

『부슈 로쿠고 선도 그림(武州六郷船渡之図)』, 魁斎芳年, 1868년

배려와 관련된다. 자연에서든 도시에서든 다리는 풍경의 특이한 소재이다. 이쪽과 저쪽을 이어주는 것이 자연스럽게 운동을 내포하기 때문이다.

다리만이 아니다. '행렬 그림'은 대체로 원근법에 의해 크게 그려졌는데, 행렬은 화면의 뒤쪽에서 앞쪽으로 향하면서 시선과 거꾸로 표현되고 있다. 그 결과 행렬 자체가 끊임없이 전진하며 움직이는 듯한 인상을 준다. '행렬 그림'은 풍경화의 수법을 빌리면서 동행을 토쿄로 향하는 정치적 운동의 공간화로 받아들이도록 하였다. 즉 토쿄가 정치적인 중심이 된다는 것을 암시하고 있는 것이다.

천황자신은 그려지지 않다

셋째, 이와 같은 미적 상징과 관련된 것이지만, 원근법적 공간에서 전개되는 행렬의 광경에는 소란을 표현하는 허구적 이야기였던 오사카친정의 니시키에와 다른 평온한 객관성이 있다.

이것은 무엇이었을까. 니시키에 화가가 실제로 행렬을 보았는지 여부는 알 수 없지만, 행렬을 그린 니시키에는 어떤 의미에서는 사생적寫生的이라고 볼 수 있다. 따라서 행렬의 세세한 부분은 구도에 맞게 생략되어 있지만 결코 소홀히 다뤄지지 않고 있고, 완전히 외부로부터 행렬을 바라보고 있다. 그 결과 '행렬 그림'에서는 행렬의 외관이 그려지게 되고 천황 자신은 그려지지 않았다. 얼마 전까지만 해도 천황의 모습은 상상적이라 할지라도 그려지고 있었다. 불과 반 년 사이에 민중은 왕성하던 천황에 대한 상상을 그만둔 것일까. 민중의 지각知覺이 전반적으로 변화하고 세계가 상상적 이야기로부터 약간은 거리를 둠으로써 객관성을 지니게 된 것일까. 아니면 이렇듯 천황을 숨기는 것에 또 다른 별도의 정치적 의미가 있었던 것일까.

특별한 행사로서의 행렬

필시 민중은 에도시대부터 권력자의 '행렬'에 익숙해 있었을 것이다. 해마다 가도街道에는 다이묘大名의 참근교대参勤交代30) 때문에 화려하고도 엄숙한 행렬이 지나갔다. 이러한 행렬은 당연히 위력의 시각화 또는 시각에 의한 위력의 확립이었다. 오쿠보 토시미치 등이 천황의 시각화를 도모했던 것도, 일찍이 다이묘와 같은 봉건적 권력이라 할지라도 권력을 보이는 기술에 의존하

---

30) 에도막부가 다이묘들을 1년 걸러 에도에 머물도록 하는 다이묘 통제책. 다이묘들이 자신의 영지에 머물 때에는 그들의 처자를 인질로서 에도에 거주시켰다.

고 있었다는 것을 잘 알고 있었기 때문이다.

토쿠가와시대의 '어위광御威光'에 대해 흥미 깊은 분석을 한 와타나베 히로시渡辺浩 씨는 행렬을 그 한 예로 들면서 이것이 얼마나 장엄하고 위엄있는 행사였는지 명확히 밝혀내고 있다. 와타나베 히로시 씨에 의하면 "행렬은 지배신분의 위세를 보여줌과 동시에 격식의 서열을 한층 강화한다. 그리고 나아가 그 진행방향에 의해서 행렬은 권력의 소재와 정치사회의 중심을 만인에게 보여 주는 것"이다. 이것이 장군의 '행차'일 경우에는 그 행렬이 통과하기 며칠 전부터 도로청소 등의 명령이 내려질 뿐만 아니라 당일은 숨을 죽이고 행렬의 통과를 기다렸다고 한다. 와타나베 히로시 씨는 장군의 이러한 '행차'를 "마치 어신체御神体31)의 행차와 같은 것"이라고 평가하고 있다. 이것은 천황의 동행에도 상당 정도 해당된다.

동행의 행렬

천황의 행렬은 놀랄 정도로 거대한 편성이었다. 동행을 기록한 『동순일지東巡日誌』는 행렬의 구성에 대해 각각의 명칭을 적고 있다. 행렬은 병사를 포함한 전위前衛가 앞장서고 내시소內侍所의 신기神器를 옮기는 어우차御羽車 두 대가 그 뒤를 따랐다. 그 뒤로 이와쿠라 토모미 등이 모시는 봉련鳳輦32)을 중심으로 판여板輿33)

---

31) 신령의 상징으로서 신사(神社)에 모시는 예배의 대상물.
32) 천황이 공식행사에 행차할 때 타는 가마.
33) 지붕과 좌우 양측을 나무로 막고 앞 또는 앞뒤를 발로 가린 가마. 상황(上皇)이나 쿠게 등이 먼길을 떠날 때 이용했다.

를 비롯한 수많은 물품들이 이어지고 행렬의 끝에는 후위^{後衛}가 있다. 행렬의 총수는 3,300명에 달하였다.

와타나베 히로시 씨는 훈련도 겸했던 다이묘의 행렬이 일사불란한 퍼포먼스를 보여주었다고 지적하였는데, 번병^{藩兵}과 조정신하들의 혼성부대였던 동행의 외관은 어떠하였을까. 이것은 정연하게 그려진 니시키에의 묘사만으로는 판단할 수 없다. 비교적 객관적이라고 생각되는 목격자의 이야기로는 어네스트 사토의 기록이 있다. 그는 천황이 시나가와^{品川}에서 하룻밤 묵은 다음날 아침에 토쿄로 들어오는 것을 보고 다음과 같이 적고 있다.

> 외관은 딱히 장관이라고 말할 수는 없었다. 아니 조정신하들의 복장에서 받은 동양풍의 인상은 서양을 본뜬 복장과 깔끔하지 못한 병사들의 머리 때문에 망쳐버렸다. 흑색으로 옷칠한 천황의 봉련은 매우 신기했다. 이것이 가까워짐에 따라 군중이 쥐 죽은 듯이 조용해졌다. 이것은 정말로 감동적이었다.

어네스트 사토는 천황이 이때 실제로는 봉련이 아니라 판여에 타고 있던 것도 적고 있다. 외국인의 인상이 반드시 맞다고는 할 수 없지만, 적어도 일본인과 같은 특별한 감정은 없었을 것이므로 그 나름대로 객관적이었을 것이다.

아마도 아무나 구경할 수 없었던 장군의 '행차'와 달리, 천황의 행렬을 그린 니시키에에는 민중도 그려져 있다는 점이 주목된다. 민중은 땅에 엎드리지 않고 구경할 수 있었다. 『부코연표^{武江年表}』에는 천황이 도착한 다음날부터 4~5일 동안 토쿄시민들에게 대량의 축하주가 하사되었기 때문에 민중은 매우 좋아했

『어주배령(御酒拝領)』, 国周, 1868년

다고 적혀 있고, 『어주배령御酒拝領』(国周, 1868년)이나 『성황리의 토
쿄 그림東京にぎわい之図』(了古, 1868년) 등과 같은 니시키에도 출판되
고 있다. 민중은 확실히 천황의 도착을 알고 이에 대해 관심을
가지고 있었음에 틀림없다. 그렇다고는 해도 그 흥청거림은 막
말의 '좋지 아니한가ええじゃないか'34)와 같은 소란스러운 에너지와
비교할 만한 것이 아니었다.

---

34) 1867년 8월경 토카이지방(東海地方)에서 시작되어 이듬해 4월에 킨키지방(近
畿地方)에까지 퍼진 대중폭동.

천황의 신성함을 높이다

이러한 니시키에나 어네스트 사토의 증언 등을 근거로 결론 지을 수 있는 것은 행렬을 맞이한 관중은 매우 많았지만 천황은 가마 안에 있어서 보이지 않았다는 점, 그럼에도 불구하고 통과 하는 봉련은 민중에게 이상할 정도로 외경심과 공포심을 주었 다는 점이다.

이러한 외경심과 공포심을 생각해보건대, 외관만을 묘사한 니시키에는 리얼리즘으로 간주할 수 없을 뿐만 아니라 이성적 이었다고도 평가할 수 없다. 이 행렬을 눈앞에서 보는 민중에게 는 일찍이 상상으로 그렸던 천황의 신체가 이제 더 이상 어떠해 도 상관없는 것이 되었다. 오히려 그것이 감춰지고 부재화됨으 로써 천황의 신성함과 연결되었다.

각 행행소行幸所35)로 찾아오는 번주藩主나 유력자들은 천황을 직 접 볼 수 있었을지도 모르지만, 일반민중이 본 것은 천황의 카리 스마적인 이미지를 담당하는 봉련이고 행렬이었다. 니시키에 화 가들은 본능적으로 천황의 의미를 상징으로 다룬 것이다.

'행렬 그림'을 그린 니시키에를 보고 있으면, 민중이 천황을 받아들이는 방식에서 발생한 변화의 미묘한 수수께끼가 풀리는 듯한 느낌이 든다. 민중은 천황을 상상한 것이 아니라 현실의 천황에게 시선을 보내기 시작하였다. 그것은 봉련 속에 숨어 상 징으로 표현되는 천황이었던 것이다. 공간으로서의 민중사회가 일찍이 없었던 정치적·정신적 중심을 가지기 시작하였다. 이것

---

35) 천황이 순행 중에 머무는 곳.

은 우선 토카이도東海道라는 국부적인 장소에서 발생한 현상이기
는 해도, 메이지정부의 전략으로 출현하는 권력공간의 발단이
되었다.

『동순일지』에 기록되어 있는 「연도부번현沿道府藩県」에 대한 포
고문이나 지시문은 동행이 통과하는 모든 장소에서 고령자나
재해를 입은 사람들의 구제 및 효자·의복義僕·절부節婦에 대한
표창이 실시되었음을 말해준다. 이것은 각 부번현의 신청에 의
한 것이다. 즉 동행의 또 다른 목적은 조정의 은덕을 베풂과 동
시에 유교적 도덕을 민중에게 강조하는 것에 있었다.

하지만 행렬 도중에 내려진 각 지방의 포고문이 반드시 이처
럼 그럴듯한 공식적인 자선慈善만을 지시한 것은 아니었다. 각
지방에 내려진 포고문은 행렬을 맞이하는 실제의 준비도 엄하
게 지시하고 있었다. 이에 따르면 지나가는 길을 청소하고 눈에
거슬리는 것은 모두 치우며 길에 흰 모래를 얇게 깔아 놓는 등,
천황이 통과할 때 부정한 것을 숨기고 삼가야 할 것 등을 지시
하고 있었다. 따라서 동행의 행렬은 부정함을 없애고 천황의 신
성함을 높이는 행사에 다름 아니었던 것이다.

마침내 다른 형태로 근대화되어 등장하는 권력의 형식과 이
러한 신성함을 어떻게 관련지을 것인가. 더 이상 피하기 힘든
문명개화와 상징적인 신격화 사이에서 천황을 어떻게 규정할
것인가. 이것은 머지않아 천황의 초상에서도, 헌법상의 자리매
김에서도 등장하게 되는 메이지 정치가들의 어려운 문제였다.

4. 사회의 시선이 가까워지다

민중의 눈에 보이다

오사카친정 이후 천황은 궁정 밖으로 나와 명실상부한 군주임을 분명히 하지 않으면 안 되었다. 밖으로 나왔다는 것은 사람들에게 보이는 것이다. 하지만 천황은 동행을 했을 때에도 아직 특정한 인간밖에 알현하지 않았고, 신체적으로는 여전히 행렬이라는 시위적인 형태에 둘러싸인 채 세상에 모습을 드러내지 않았다. 천황은 아직 두터운 틀 안에 있어서 사람들의 시선이 직접 천황에게 미치지 않았다. 사람들을 향해 있는 것은 행렬이라는 위력의 외면이었다. 일시적으로 니시키에에 상상의 모습이 그려지긴 했지만, 천황의 실제모습은 일반인들에게 알려져 있지 않았다.

천황이 어떤 모습인지가 중요한 것은 아니다. 다만 이렇듯 꼭꼭 숨어있어서는 권력의 기능은 여전히 전前근대적인 외경심과 공포심을 주는 위력을 과시하는 것 이상 아무 것도 아니다. 천황 자신을 민중의 시선 앞에 드러내는 것, 이것은 새로운 권력의 공간을 만들어야만 하는 시대에 접어든 이상, 정부로서는 필요불가결한 것이었다.

천황이 처음으로 일반인과 외국인 앞에 모습을 보인 것은 1870년부터이다. 이해 4월에 천황은 코마바駒場 벌판에서 실시된 토쿄에 있는 각 번의 병사, 친병제대親兵諸隊·유군대遊軍隊 등 연합

부대의 조련을 열병하기 위해 외출하였다. 천황은 킨코지(金巾子)36), 노우시(直衣)37), 분홍색 하카마(袴)38)의 모습으로 말에 걸터앉고, 머리 위에는 텐가이(天蓋)39)로 덮어 가리고 있었다. 따르는 병사는 1,800명. 이날 천황은 처음으로 일반 사람들의 눈앞에 나타났다. 이와 동시에 훗날 천황이 삼군을 통솔하는 형식은 이미 이때부터 시작되었다.

같은 해 9월에는 비바람이 몰아치는 엣츄지마(越中島)40)에서 직접 카고시마(鹿児島)·야마구치(山口)·사가(左賀)·코치(高知) 네 개 번병(藩兵)의 조련을 관람하였고, 이듬해인 1871년 11월에는 처음으로 해군을 관람하였다. 엣츄지마에서 친히 열병할 때 내린 칙어에도 나타나 있듯이, 이것들은 모두 신정부가 번병을 통합하고 군사력의 집중과 독점을 도모한 것이고, 나아가 국가의 군비(軍備)를 확충하려는 목적이 숨겨진 행위였다. 신정부는 짧은 기간 동안 될 수 있는 한 많은 시책을 시험하고 있었다.

그러나 '가마 안에' 있던 천황이 사람들 눈앞에 나타나게 된 것은 이와 같은 현실적인 목표 이상으로 획기적인 사건이었다. 이것은 새로운 권력의 형태를 아직 확실히 갖추지 않은 채, 시

---

36) 머리에 쓰는 천황의 관(冠)에는 무몽관(舞文冠)과 킨모지관(金巾子冠)이 있다. 무몽관은 제사용이고, 킨모지관은 평상용이다.

37) 헤이안시대 이후 천황과 쿠게의 평상복.

38) 일본 전통의상 중 곁에 입는 하의. 허리에서 발목까지 덮으며, 넉넉하게 주름이 잡혀 있고, 바지처럼 가랑이진 것이 보통이나 스커트 모양도 있다.

39) 보통은 보화종(普化宗)의 유발승(有髮僧)이 쓰는 삿갓을 의미하지만 여기에서는 얼굴을 가리는 천을 의미함.

40) 토쿄의 동쪽에 있는 지명. 1875년에 일본에서는 처음으로 이곳에 상선학교(商船学校, 현재 토쿄상선학교)가 설치되었다.

선의 관계를 고정하고 있던 틀을 부수고 근대가 천황에게 갑자기 들이닥친 것을 의미했다. 아마도 오쿠보 토시미치나 이와쿠라 토모미 등도 이와 같은 시선의 진정한 힘까지는 파악하지 못했을 것이다. 오쿠보 토시미치 등이 천황의 시각화와 교육정책을 세웠던 것은 천황 개인의 문제라기보다 지배기구의 확립을 위한 것이었지만, 지배기구 그 자체가 이젠 오쿠보 토시미치 등이 생각한 이상으로 근대와 접촉하기 시작했음을 보여주는 하나의 징조였다.

암시되는 천황의 존재

이와 같은 소규모 행차는 당시 새로운 국가였던 일본이 직면한 군사·산업·교육 등과 같은 여러 문제에 대한 대책 중에서 중요한 지점이 되는 장소를 둘러싸고 계획되었던 것이기 때문에, 천황의 행차라는 뉴스와 함께 바로 니시키에의 소재가 되었다. 어떤 측면에서는 이러한 것들이 사람들의 호기심을 자극하는 신시대의 희귀한 풍물이자 문명개화였기 때문이다. 예를 들어 이치모사이 요시토라一猛斎芳虎(1832?~1887?)[41]의 『대대조련 그림大隊調練之図』(1870년)에서는 화면 가득히 완전한 서양식 군대의 조련

---

41) 막말기와 메이지 시기를 대표하는 니시키에 화가 우타가와 요시토라(歌川芳虎)이다. '이치모사이'는 그의 호이다. 스승인 우타가와 쿠니요시와 마찬가지로 '무사 그림(武者絵)'의 체재를 이용한 풍자화를 잘 그렸지만, 스승과의 불화로 파문당하였다. 1849년에 토쿠가와 이에야스를 풍자한 그림을 그려서 처벌받기도 하였다. 메이지 시기에는 '요코하마 그림(横浜絵)' '초슈정벌 그림(長州征伐絵)', '문명개화 그림(文明開化絵)' 등과 같은 풍자화를 많이 그렸고 신문기자로 활약하기도 하였다.

『대대조련 그림(大隊調練之図)』, 一猛斎芳虎, 1870년

이 그려져 있고, 천황은 그림 우측 끝에 천황이 앉아 있는 곳을 그린 것만으로 표현되고 있다. 이 니시키에는 이중의 의미를 가지고 있다. 하나는 분명히 천황의 행차를 그리긴 했지만 그림의 구성은 분명히 신식 군대를 보여주려는 것이라는 점이다. 천황을 그리기를 꺼렸다기보다는 주제가 군대조련에 있었다고 보는 게 좋을 것이다.

하지만 천황에 한해서 말하자면, 천황은 직접적이지 않고 천막으로 암시되어 있을 뿐이다. 이전의 공상적 표현을 벗어나 '행렬 그림'의 풍경화에서 이른바 이성적인 원근법으로 공간을 배치하였을 때, 천황의 살아있는 모습을 잃어버렸던 니시키에의 시선은 아직 천황 자체를 그릴 단계까지 도달하지는 못했던 것이다. 니시키에가 언제부터 천황 자체를 그리게 되었는지 확정하기는 어렵지만, 적어도 1876년의 토호쿠東北 순행을 그린 니시키에까지는 등장하지 않는다.

이렇게 보면, 설령 새로운 문명개화적인 것에 마음이 끌려 있다고는 해도 니시키에라는 아직 전통적인 시선에는 천황을 현실의 사건 속에서 그려내는 것에 대해 주저하는 감정이 내재되어 있었다고 할 수 있다. 이렇듯 그림으로 그리는 것図像化에 대한 심리적 저항을 무너뜨리는 것은 천황의 시각화를 의도한 사람들의 예상을 뛰어 넘는 곳에서 시작되었다.

최초의 기념사진

1871년 11월에 천황은 공부성工部省이 소관하는 요코스카조선소横須賀造船所로 행차하였다. 막부가 프랑스의 도움을 받아 창설했던 요코스카조선소는 바야흐로 일본의 공업화와 군국화의 첨단기지가 되고 있었다.

한편 이때 천황은 기념사진을 촬영하였다. 『메이지천황기』에 따르면, 천황은 코노우시小直衣42)와 키리바카마切袴43)에 킨코지金巾子를 쓰고 부채를 들고서 의자에 앉아 있고, 뒤에는 시종이 큰 칼을 가지고 서있으며 앞에는 태정대신太政大臣이 히타타레直垂44)를 입고 앉아 있는 사진이라고 한다. 함께 찍은 사람은 20명인데, 여기에는 소장인 베르니F. L. Verny(1837~1909)45) 등 외국인도 2

---

42) 노우시(直衣)를 간편하게 만든 복장.
43) 발을 덮지 않을 정도의 길이로 만들어진 하카마. 이에 비해 발을 덮을 뿐만 아니라 뒤쪽으로 30센치 정도 끌리는 하카마를 '나가바카마(長袴)'라 한다.
44) 하의인 하카마(袴)와 함께 입는 상의로서 무사의 대표적 의상.
45) 프랑스 해군기사. 1866년부터 1876년까지 요코스카조선소의 건설에 고용되었다.

명 포함되어 있다.

『메이지천황기』는 아무렇지도 않게 "이것이 성체聖体 촬영의 시작"이라고 적고 있지만, 천황의 신성함에 대한 당시 측근들의 신중함을 생각해보면 너무나도 무방비한 상태로 기념촬영을 했다는 생각이 든다. 하지만 사진이라는 것은 이 정도로 부지불식간에 가까워진 시선이었던 것이다.

또한 요코스카조선소에 행차했을 때에는 요코하마横浜에 거주하는 스틸프리드Baron Raimund von Stillfried-Ratenicz(1839~1911)[46]라는 외국인이 무단으로 천황을 촬영하여 문제시되지만 정부는 치외법권 때문에 이에 대해 강권을 발동하지 못했다는 기록도 있다. 최근에 발견된 이 사진을 보면, 몰래 촬영되었다기보다는 천황의 일행이 촬영을 미리 알고 있었던 것처럼 보인다. 그러나 이와 같은 사건은 몰래 촬영되었든 그렇지 않든 사진이라는 시선이 이제 천황의 의지와는 상관없이 천황에게 다가오고 있었다는 사실을 무엇보다도 잘 말해주고 있다. 이후 스틸프리드는 개척사開拓使[47)]에 사진가로 고용되었다.

니시키에가 화려한 색채로 천황의 활동을 하나씩 모노가타리적으로 다루면서도 천황의 얼굴과 신체를 직접 그리지 않고 있는 동안, 사진은 거의 그러한 지점까지 도달한 것이다. 이렇게

---

46) 오스트리아출신의 사진가. 1871년에 요코하마에서 사진관을 경영하였다. 1872년에는 홋카이도 개척사(開拓使)의 사진가로 고용되어 홋카이도를 촬영하였고, 1878년에는 대장성 지폐국의 고용외국인으로서 사진과 석판 및 동판의 인쇄기술을 인쇄국 기술자들에게 반 년 동안 지도하였다.

47) 1869년부터 1882년까지 홋카이도(北海道)와 주변 섬들의 행정 및 개척을 담당한 관청.

되면 간접적 표현이 지니는 신비성은 더 이상 효과를 볼 수 없다. 실물과 똑같은 모습에 의한 유추類推, analogy의 시대가 시작된 것이다. 천황이 카메라와 정면으로 마주대하는 것도 이제 시간 문제였다.

메이지 초기의 일본인과 사진

사진에 대한 메이지 초기의 일본인 의식이 어떠했는지는 일반적으로 설명하기 어렵다. 하지만 사회적 계층이나 지식의 정도에 따라 사진에 대한 의식에 상당한 차이가 있었음은 분명하다.

이 당시부터 사진이 생명을 빨아들인다거나 세 명이 찍으면 가운데 사람은 죽는다는 식의 미신에 시달렸던 것도 그다지 놀라울 만한 것은 아니다. 발자크Honore de Balzac(1799~1850)도 자신을 구성하고 있는 투명한 막이 한 장씩 없어지는 듯한 기묘한 공포심을 프랑스 사진가 나다르Felix Nadar(1820~1910)[48]에게 전한 바 있다. 막말의 보수적인 이데올로그인 오하시 토츠안大橋訥庵(1816~1862)이 『벽사소언闢邪小言』에서 사진은 사람을 현혹하는 환술幻術이라고 적고 있듯이, 당시의 모든 사람은 사진이 이제까지의 '그리는 것'과는 질적으로 다른 기술임을 알고 있었지만 카메라 앞에서 어떻게 해야 할지는 몰랐다.

더욱이 사진은 나가사키長崎에 있는 네덜란드인, 요코하마·시

---

48) 본명은 가스파르 펠릭스 투르나시옹(Gaspard Felix Tournachon). 본래 직업은 신문 풍자 만화가였으나 나폴레옹 3세 때 풍자만화가 금지된 후 사진가로 전업하였다. 단순한 기록성 초상사진에서 벗어나 예술적, 창조적 초상사진은 프랑스의 나다르에 의해서 이룩되어졌다고 할 수 있다.

모다下田 등을 중심으로 한 미국인, 북방에서 온 러시아인 등 그 유입된 경로가 다양했는데, 이들 모두는 일본에게 개국을 강요하고 서구문명을 가져온 외부의 힘이었기 때문에 사진에 대해서는 이들과 함께 들어 온 시선이라는 인식을 공통적으로 지니고 있었다. 이 시선은 근대적 인식과 분리시킬 수 있는 것이 아니었다. 이렇게 들어온 사진을 앞으로 어떻게 해석하고 어떻게 경험해 가는지는 차치하고라도, 그 기술의 침투는 예상 밖으로 빨랐다. 이미 막말에는 나가사키, 오사카, 에도 등을 중심으로 한 각지에 사진관이 생겨서 대부분의 막말 지사(志士)들이 자신의 초상사진을 남길 정도가 되었고, 메이지 초년에는 위조를 방지하기 위해 사진을 넣은 지폐가 고안되기도 하였으며 외국인을 대상으로 하는 풍속·풍경 사진이 일찌감치 제작되기도 하였다.

원근법에 기초한 사실적인 회화도 사진보다 조금 이른 시기에 밖에서 들어온 시선이라 할 수 있는데, 이것과 사진의 시선은 거의 동시기에 일본인의 시각에 작용하면서 새로운 인식의 경험을 만들어냈다. 이러한 점에서 일본의 경우는, 우선 원근법이 탐구되고 이어서 사진이 발생한 서양의 경우와 다르다고 할 수 있다.

이윽고 단발령49)이 내려지자, 사진관은 머리를 자르기 전에 기념사진을 찍으려는 사람들로 붐볐다. 요코스카에서 천황이 사진에 찍혀 버렸다는 것에는 이러한 미지의 시선이 부지불식간

---

49) 1871년 8월 9일에 발포되었다.

에 당시의 모든 것에 도달하는, 이른바 '사회의 시선'이자 근대 그 자체였음을 의미한다. 천황도 더 이상 이러한 새로운 시선과 관계가 없을 수는 없었다. 이것은 천황이 단발하고 전통적인 의상 대신 양장으로 갈아입은 것과 질적으로 동일한 경험인데, 우연하게도 의복을 갈아입는 것보다 시기적으로 빨랐을 뿐이다.

제2장

화혼양재(和魂洋才)와 메이지유신

1. 일본에 양장이 들어왔을 때

전통의상에서 양장으로

1872년을 기점으로 마침내 천황 자체가 그 시각적 외관을 바꾸게 되었다. 천황의 존재를 눈에 보이는 것으로 만들려는 의도는 메이지유신 초기의 정치적 과제였고, 이것은 오사카친정, 동행 이래 반복된 소규모 행차를 통해 어느 정도는 소기의 성과를 달성하였다. 민중에게는 정치가가 의도했던 지배기구가 보이지 않고 '천황'만 보이게 되었기 때문이다. 민중에게는 천황이 권력을 소유하고 있는 것처럼 보였을 것이다. 하지만 실제의 권력이란 소유되는 것이 아니라 관계를 만들어내고 기구를 움직인 결과로서 발생하는 것이다.

또한 이미 1868년에는 쿄토와 오사카에서 각국의 외교관을 접견함으로서 대외적으로 국가원수임을 보여주는 것이 시작되었다. 천황은 유신과 함께 구중궁궐 깊은 곳에서 나와 단숨에 대내외적으로 보이는 존재가 된 것이다.

당연한 이야기이지만, 외국과의 접촉은 천황이라는 존재가 단순히 국내만이 아니라 드넓은 근대의 시각적 세계 속에 놓이는 계기가 되었다. 메이지유신의 대의명분인 왕정복고王政復古의 중심에 있었던 천황은 왕정복고와 만세일계万世一系라는 이데올로기가 통용되지 않는 근대세계의 시선 앞에 놓이게 된 것이다. 제1장에서 언급한 바와 같이, 천황이 부지불식간에 촬영되었던 것이 그 한 예이기도 한데, 이 시선은 천황이 이를 수동적으로 받아들이게 만들 뿐만 아니라 자신의 외관을 변화시키려는 천황의 능동성을 자극하는 힘도 지니고 있었다.

천황의 외관은 비교적 급속도로 변화하였다. 1870년에 천황이 코마바벌판의 열병식에서 사람들 앞에 모습을 드러냈을 때에는 아직 노우지直衣나 분홍 하카마袴와 같은 전통적이고 우아한 귀인의 정장이었다. 이후에 실시된 1872년의 토쿄―요코하마 간 철도개업식 등과 같은 소규모 행차에서도 천황은 여전히 전통 의상이었다.

하지만 이미 1870년에는 궁내성이 천황의 양복제작을 발주하였고, 1872년 1월에 군사조련을 시작할 때에는 천황은 어쩔 수 없이 군사조련용 양복을 입지 않을 수 없었다. 이미 육해군의 군복은 서양식으로 제정되어 있었기 때문이다. 천황의 조련복은 겨울엔 감색 단추걸이, 여름엔 백색 갈고리 단추걸이였다. 뒤이어 1872년 5월에 킨키近畿 · 츄고쿠中国 · 시코쿠四国 · 큐슈九州 순행(이하 니시코쿠西国 순행)을 출발하기 위해 사람들 앞에 모습을 드러냈을 때에는 정식으로 연미복형태인 갈고리 단추걸이의 정복正服에 배 모양의 모자를 착용하였다. 즉 양장으로 완전히 바뀐 것이다.

군복의 양복화

새로운 의복의 침투는 눈에 보이는 서구의 파도였다. 사실 이 파도가 도달한 것은 천황이 처음은 아니다. 근대의 기술적 세계가 어떤 한 종류의 행동양식을 요청하고, 이것이 발생한 곳에서는 의상이 형태를 바꾸었다.

타카시마 슈한高島秋帆(1798~1866)[50]이 1841년에 막부의 명을 받아 부슈武州의 토쿠마루가하라德丸ヶ原에서 포술훈련을 실시할 때, 인원 모두는 츠츠소데筒袖(통소매)에 츠츠바카마筒袴(통바지)를 착용하였다. 이것은 서양 의상의 영향을 받아 만들어진 기능적인 일본식 복장이었다. 오래 전부터 있던 노동복이 무사의 전통적 의상을 물리치고 군사훈련에 사용되기에 이른 것이다.

페리Matthew Calbraith Perry(1794~1858)[51]의 내항(1853년)을 계기로 국

---

50) 에도말기의 서양식 병학자(兵学者). 막부가 설치한 무예훈련기관인 코부쇼(講武所)의 포술 사범으로서, 타카시마류(高島流) 포술의 창시자. 그의 서양식 포술은 요시다 쇼인(吉田松陰, 1830~1859), 사카모토 료마(坂本竜馬, 1835~1867) 등과 같은 막말지사들에게 많은 영향을 끼쳤다.

51) 미국의 해군. 1853년 7월에 일본을 개항시키기 위해 동인도함대를 이끌고 우

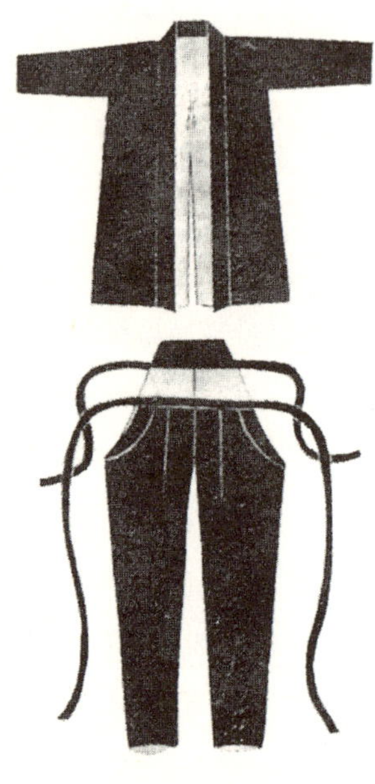

소기소데(そぎ袖)와 호소바카마(細袴)

방国防의 위험을 절실히 느낀 막부는 엣 츄지마越中島에 코부쇼講武所를 설치하고 서양식 군대의 편성을 서둘렀다. 일본의 의상은 이러한 신식군대가 채용한 군복에서부터 근대화되어 갔다. 1862년에 막부는 복식제도를 개혁하여 무사의 복장을 활동적인 것으로 바꾸었다. 이때 새로운 일본식 군장軍裝은 주로 츠츠소데筒袖(통소매)에 진모모히키陣股引(통이 좁은 바지)였는데, 나중에는 '소기소데そぎ袖', '호소바카마細袴'라는 이름으로 바뀌었다. 렉션하오리キション羽織라고도 불린 소기소데는 원래 전통의상인 하오리의 형태에서 소매를 기능적으로 좁게 하고 깃을 프록코트frock coat처럼 길게 만든 것으로, 검은 색 나사羅紗52)로 만들어진 것이 많았다. 각 번들도 막부를 따라 서양식 군대를 육성할 때 이 복장을 채용하였다. 이렇듯 막말 시기에 이르러서는 무사사회의 의상체계가 전면적이지는 않더라도 조금씩 변하고 있었다.

라가(浦賀)로 들어와 미국대통령의 친서를 막부에게 제출하였다. 다음해에 다시 일본으로 와 요코하마에서 화친조약을 맺었다.

52) 양털, 또는 거기에 무명·명주·인조견사 따위를 섞어 짠 양복감으로 많이 쓰는 모직물.

의상이란 무엇인가

의상은 다른 무엇보다도 민족성을 가장 잘 보여주는 상징이고, 민족내부의 사회에서는 이를 통해 사회조직과 직접 관련되는 계급·직업·성·연령 등의 식별이 가능하게 된다. 에도시대까지의 신분사회에서는 이러한 차이가 세세하게 정해져 있었다.

원래 의상이나 몸짓은 개인의 취미수준에서 생각해보면 의외로 간단히 바뀌는 듯이 보이지만, 관습화된 문화의 전체에 변화가 발생하면 경우에 따라서는 신체적으로 강한 저항이 발생하기도 한다. 여기서 말하는 '신체'란 철학자들이 말하는 추상적인 언어로 표현되는 신체가 아닐 뿐만 아니라 해부학으로 단순한 육체도 아니다. 이 신체는 파악하기 쉽지 않지만, 구체적이고 문화적인 살아있는 존재이고 항상 어떠한 의상과 장신구를 동반하면서 일정한 작법^{作法}으로 행동하는 것을 알고 있는 존재를 가리킨다.

따라서 의상의 체계를 완전히 바꾸는 것은 한 사회의 문화적 전통의 측면에서 보면 한 사회의 '신체'를 바꾸는 일대 사건이다. 프랑스의 선사학자^{先史学者} 르루아구랑^{Andre Leroi-Gourhan} 씨는 『몸짓과 언어^{Le Geste et le Parole}』에서 의상과 사회적 조직의 관계에 대해서 "모든 인간에게 이렇듯 당연한 삶의 만상을 강조하는 것은 쓸데없는 것처럼 보일지도 모르지만, 의복과 장신구의 미학은 완전히 인공적인 성질의 것이면서도 동물세계에 가장 깊은 관련성을 지니는 인간의 생물학적인 특징 중 하나"라고 적고 있다. 이것은 의상이 신체적이고, 신체가 사회·문화적임을 르루아구랑 씨 나름대로 바꿔 표현한 것이다.

서구화=근대화와 의상

이러한 의미로 '신체'라는 단어를 사용한다면, 막말유신기의 의상변화는 일본인이 오랜 전통 속에서 만들어 온 '신체'에 일찍이 경험하지 못한 이질적인 시선이 도달했음을 의미한다. 이것은 다름 아닌 서구 부르주아의 시선이었다. 천황의 신체가 근대와 맞닥뜨리고, 완전하지는 않더라도 약간은 상대에게 맞추어 스스로의 외관을 바꿀 수밖에 없었던 경위도 19세기 세계의 정치·문화적 현상 중 하나였다.

근대화란 우선 유럽의 의상을 몸에 익숙하게 만드는 것, 즉 유럽화하는 것이었음은 단지 일본만의 상황은 아니었다. 비서구세계는 그렇게 하지 않으면 생산력과 군사력에서 현격한 차이를 보이는 서구 각국과 직면한 국제사회 속에서 멸망할지도 모른다고 인식할 수밖에 없었다. 그러나 의상은 무엇보다도 빨리 변하였다. 비서구세계에서 발생한 이러한 현상은 무엇을 의미하는가. 르루아구랑 씨는 이에 대해 다음과 같이 서술하고 있다.

> 민족의상과 장인(匠人)의 의상이 소멸한 것은 민족해체의 가장 인상적인 징후인데, 이것은 새로운 조건에 적용하는 거대한 과정에서 발생한 자그마한 우발적 사건이 아니라, 때로는 본래의 적용보다 한 세대 앞서는 경우가 있는, 적응의 중요한 조건 중 하나가 된다. 지식인의 안경은 아프리카에서 표준적인 안경을 만들어내는 과학적 수준에 도달하기 훨씬 이전부터 진화의 표상이었고, 세계 어느 곳에서든 넥타이를 매는 것이 종종 드레스셔츠를 입는 것보다 선행하였다.

이것은 서구 근대사회와 맞닥뜨린 비서구사회가 진정으로 근대화되기 훨씬 이전부터, 의상을 통해 서구의 근대를 허구적인 형태로 연기하면서 적응의 조건을 만들어냈음을 의미한다. 의상이 먼저 바뀌어 가는 것은 종종 단순히 표층의 풍속적인 사건으로 이해되지만, 본질적으로는 정치적 또는 지적인 차원의 변혁 중 일부이다. 일본의 경우에도 양복이 풍속으로서 일본으로 건너오기까지는 많은 시간이 걸렸다.

양복을 어떻게 받아들였는가

지금 보면 너무도 기묘한 옷차림을 한 막말기의 무사를 촬영한 사진이 몇 장 남아있다. 예를 들어 네덜란드에서 촬영했다는 어느 한 막부군 사관土官의 사진에서는 호소바카마細袴와 렉션하오리レキション羽織를 착용하고 의자에 앉아 있는 젊은 무사가 작은 칼을 허리에 차고 큰 칼을 손에 쥐고 있다. 하오리의 안에는 일본식으로 깃을 여민 츠츠소데筒袖 상의가 보인다. 그리고 머리는 단발이다. 1860년에 칸린마루咸臨丸로 태평양을 건넌 군함봉행軍艦奉行 키무라 카이슈木村芥舟(1830~1901)의 사진이나 해군사관 코우가 겐고甲賀源吾(1839~1869)의 사진도 모두 호소바카마, 츠츠소데 상의, 렉션하오리 차림인데, 이것은 의양풍疑洋風(개화기의 건축양식 용어)이다.

이러한 사진들은 일본인의 의상문화에 양복이 어떻게 침투되었는지 잘 보여준다. 전통의상의 체계로 양복이 침투될 때에는 변형된 형태가 부분적으로 들어올 수밖에 없었다. 서양의 의상이 곧장 침투되어 전통의상을 바꾸는 것을 차단하는 무언가가 있었다. 사람들은 우선 오랜 전통을 지닌 의복을 서양의 의상과

네덜란드에서 촬영한 막부군 사관

비슷한 것으로 개조하여 대응하였다. 그 결과 그들이 입고 있는 것은 양장의 형태가 아니라 기묘한 방식의 형태였다.

메이지에 들어서서도 매우 유치한 의상이 여전히 존재했으므로, 여기에는 양복에 대한 일본인의 지식부족도 고려될 수 있겠지만 이것만은 아니다. 즉 원래 기능을 우선시하였기 때문에 의복의 형태도 외국 의상과 비슷해져 갈 수밖에 없었음에도 불구하고, 될 수 있는 한 외국제外国製로 보이고 싶지 않다는 심적 저항이 내재하고 있었던 것이다.

양복에 대한 저항

이러한 저항은 언어로도 표현되었다. 막부는 1861년 7월에 금지령을 하나 내렸는데, 여기에서는 근래에 외국의상을 '색다른 츠츠소데'라 부르며 애용하는 자가 있지만 이는 결코 바람직하지 못한 행동이라고 지적한 후, 단 군대 조련에 한해서는 상관없다고 하면서도 "외국인의 복장과 혼동되지 않도록 만드는 것은 어렵지 않다"고 적고 있다. 또한 햐쿠쇼百姓(농민)·초닌町人(상인) 들도 업무상 츠츠소데와 가죽신을 이용하는 것은 어쩔 수 없지만, 이 경우에도 외국제와 혼동되어서는 안 된다고 훈계하고 있다.

이에나가 사부로家永三郎 씨가 『일본인의 양복관 변천日本人の洋服観の変遷』에서 소개하고 있듯이, 막말에 유럽으로 향하는 유학생들에게는 네덜란드에 있는 동안 크리스트교와 양장에 익숙해져서는 안 된다는 내용이 전달되었고, 메이지 시기에도 대학동교大学東校53)나 대학남교大学南校54)에서는 양복착용을 금하였다. 어느 쪽이든 서양의 학문과 기술을 배우려는 것이기 때문에, 이러한 금지는 의상이라는 것에 학문이나 기술과는 다른 중요한 정신적 가치를 두고 있었음을 말해 준다. 즉 양복에 대한 양이론자의 저항은 서양의 학문도 함께 배제하는 것이었지만, 이미 실학적 태도를 지니는 경우에도 학문과 기술에서 '양재洋材', 의상에서 '화혼和魂'을 보고 있었음을 의미하는 것이다.

하지만 실제적인 목적이 절박할 때에는 배척하고 있을 수만은 없었다. 1867년에 막부는 프랑스에서 군사교관을 초빙함과 동시에 군복도 도입하였다. 순수한 서양식 군복을 처음 입은 군대는 이 당시 막부가 창설한 전습대伝習隊이다. 이때 채용한 군복은 완전히 프랑스식이라기보다 포병교관 쥴 브뤼네Jules Brunet(1838~1911)[55]가 고안한 것이었다.

메이지유신과 서양식 복장

유신의 표면에서는 사회가 실질적으로 근대화되기 앞서 신구新旧 두 가지의 의상체계가 전투를 되풀이하고 있었다. 막말유신기의 사람들도 의상을 외면적인 체재体裁 이상의 것으로 생각하고 있었다. 프랑스혁명은 로마인의 의상을 입고 일으킨 것이라고 맑스는 말했지만, 메이지유신도 신구新旧와 동서東西가 서로 혼재된 의상

---

53) 1861년에 막부가 설치한 의학소(医学所)를 1869년에 개칭한 것. 1877년에 토쿄대학 의학부로 되었다.
54) 1863년에 막부가 설치한 개성소(開城所)를 1869년에 개칭한 것. 1877년에 토쿄대학으로 되었다.
55) 막부군대의 근대화를 돕기 위해 파견된 프랑스 군사 고문단의 일원, 에노모토 타키아키(榎本武揚, 1836~1908)가 이끄는 구(旧) 막부군에 참가하였다.

에 의해서 펼쳐진 하나의 연극이라는 측면이 있었다. 이러한 코스튬 플레이^{Costume Play}(이른바 코스프레)는 훨씬 나중에까지 이어져 로쿠메이칸^{鹿鳴館}56)의 가장무도회에서 그 정점에 도달한다.

이러한 유신극^{維新劇}에서 천황은 의상으로 겉모습을 바꾸고, 새로운 의상으로 새로운 근대국가의 제왕 역할을 연기해야만 했다. 하지만 이러한 천황도 1868년 즉위식의 포달문에 적혀 있듯이, 지금까지 오랫동안 조정에서 사용되어 온 중국풍 의상을 폐지하고 "고례^{古礼}에 따라" 상하 소쿠타이^{束帯}57) 정복을 예복으로 하고 있는데, 이는 구폐의 쇄신임과 동시에 '왕정복고'를 눈에 보이도록 연기하는 것이었다. 이와 같은 두 종류의 복식제도는 메이지국가의 당초부터 두 가지 정치적 흐름에 대응하였던 것이다.

당시 근대세계와 맞닥뜨린 것은 천황자신이 아니라 쇄국을 풀고 개국한 지 얼마 안 되는 국가였다. 비교적 개명적인 유신기의 정치가가 확립을 서둘렀던 것도 국제정치에서 열강들과 대치할 수 있도록 내적으로 일체화된 국가였다. '국가'라는 통일체의 입장에서 생각하는 이상, 여러 지배기구 즉 정치·경제·법률·군사·교육·도덕의 장치를 만들어내야만 했다. 마침내 천황을 국가의 정신적 통합의 중심으로 삼고, 천황을 정치적 지배기구인 국가와 관련짓는 정책이 만들어지면서 일본 근

---

56) 메이지 시기에 '외국인 접대소'로 세워진 건물명(1883년 건축). 계획을 추진한 것은 외무경 이노우에 카오루(井上馨, 1835~1915)이다. 이노우에는 불평등조약의 개정을 위해 일본이 문명국임을 외국인에게 보일 필요가 있다고 생각하였다. 이노우에의 외교정책을 로쿠메이칸외교라고 부른다.

57) 헤이안시대 이후 천황을 비롯한 문무백관의 관복.

대화의 운명은 정해졌지만, 이때까지는 지도적인 정치가들의 정책도 근대와 전통 사이에서 미묘하게 변화하였고 이와 함께 천황의 윤리적 기반과 정치적 기능을 관련짓는 방식도 변해갔다. 정치가의 의도가 천황과 국가기구를 어떻게 연결짓든 천황은 확실히 겉모습을 바꾸고 근대국가의 군주가 되는 길을 걸어갔고, 이것을 추진하는 힘은 천황에게 머무는 바깥의 시선, 즉 근대였다. 천황도 일반사회도 전통적인 의상을 버리고 다른 의상체계 속에서 살아가기 시작한 것이다. 그렇다면 일본에 양복이 들어왔을 때 보였던 신체의 저항은 어떤 사상으로 변모하여 메이지 초기의 정치적 사회에 나타났을까.

2. '풍속'과 '국체(国体)'

복식제도를 어떻게 해야 하는가

메이지정부가 복식제도의 서구화에 대해 대응을 전혀 하지 않았던 것은 아니다. 일본인의 양복화는 원래 군사적인 목적이 강했기 때문에 정식적인 제정도 군복부터 먼저 이뤄졌다. 1870년 12월에는 '육군휘장陸軍徽章' 및 해군의 복식제도가 육군은 프랑스, 해군은 영국을 모델로 삼아 제정되었지만, 문관에 대해서는 여전히 상급자는 이칸衣冠[58) 또는 카리기누狩衣[59) · 히타타레直垂,[60) 하급자의 경우는 카미시모神61)를 착용하고 조정회의에 참가하였다.

1872년 11월의 『신분잡지新聞雜誌』에 "개화복을 입고서 여전히 긴 머리를 묶은 채 서양 향수를 뿌리고 일본도를 옆에 차는 등, 각종 기이한 모습이 있다"고 적혀있듯이, 메이지 초기의 의상은 기묘한 화양혼합(和洋混合)을 도처에서 보였다. 이것은 니시키에의 풍경에 등장하는 인물들의 풍속을 다채롭게 하였고 또한 쿠사조시草双紙62)를 활기차게 만들었다. 메이지 초기의 일본견문록인 모스E. S. Morse(1838~1925)의 『일본에서의 나날들Japan day by day』에도 양복 입은 일본인의 모습이 우스꽝스럽다고 적혀있다.

1872년에 구미 각국을 순방한 이와쿠라 토모미 일행의 기념사진을 보면, 나란히 앉아있는 동행자 중에서 이와쿠라 토모미만 여전히 전통의상을 착용하고 머리를 묶고 있는 것이 눈에 띈다. 그는 이칸衣冠차림으로 정식 만찬회에 출석하여 연설하였는데, 외국인들에게 그의 모습이 어떻게 비쳤을까. 아마도 이국적exotic인 것으로만 끝나지 않았을 것이다.

정부도 하루속히 구미에 비해 손색없는 의상체계를 완비하려고 했지만, 복식제도의 개혁이 민족성의 상실과 관련이 깊다는 사정을 어렴풋하게나마 느끼고 있었기 때문에, 수구파를 납득시키기 위해서라도 근대화=서구화와 전통적 민족성이라는 양극

---

58) 헤이안시대 이후 쿠게가 궁중에서 입는 근무복. 소쿠타이(束帶)를 간소화한 의상이다.
59) 헤이안시대 귀족의 일상복.
60) 카마쿠라시대(鎌倉時代)이후 무가(武家)의 대표적인 의상.
61) 에도시대에 관직이 없는 무사의 정장으로, 신분이 있는 초닌(町人)도 착용이 허용되었다.
62) 에도시대에 그림이 들어있는 대중소설의 총칭.

사이에서 타협적인 문제처리를 은밀하게나마 제시해 두지 않을 수 없었던 것 같다. 실제로 이 타협은 복식제도의 문제를 넘어서 정치적인 사상과 정책전반을 통해 이뤄졌다.

복식제도개혁의 내칙

1871년 8월 대신大臣과 참의参議에게 복식제도개혁의 필요를 설명한 내칙内勅이 내려졌다. 이 내칙은 다음과 같이 우선 '풍속'과 '국체'를 명확히 분리하는 것에서 시작하고 있다.

> 짐이 생각하건대, 풍속은 시세에 따라 변하고 교체되며, 국체는 모습이 변치 않음으로써 그 시세를 지배한다. 짐은 오늘날의 의복제도가 오래전에 당제(唐制)를 모방한 탓에 연약한 경향을 지니게 되었음을 심히 개탄한다. 무릇 오래전부터 신주(神州)는 무(武)로 다스려왔다. 천자 자신이 원수(元帥)가 되고 중서(衆庶)는 이를 받든다. 진무창업(神武創業)과 진구정한(神功征韓)은 결코 오늘날과 같은 연약한 모습이 아니다. 이러한 연약함을 어찌 하루라도 천하에 보여서야 되겠는가. 이에 짐은 과감히 복식제도를 바꾸어 풍속을 일신하고 조상대대로 이어져 온 상무(尚武)의 국체(国体)를 세우고자 한다. 너희 신하들은 짐의 뜻을 따르라.

여기에는 '풍속'은 시류에 따라 바뀌고 '국체'는 변하지 않는 것임을 확인하고, 오랜 역사를 거쳐 현재에 이른 '풍속'의 연약함을 비판하며 '상무의 국체'에 따라 이후 채용될 복식제도의 경향을 제시하려는 의도가 드러나 있다.

실제로 오랜 궁정의 관습은 '연약한 경향'을 보이고 있었다. 메이지유신 이후에도 천황 자신의 일상생활에서는 여관(女官)이 봉사하는 전통적인 방식이 지속되었다. 『메이지천황기』에 따르면, 천황은 1873년 3월까지 머리를 자르지 않았고, 단발하는 날 아침까지는 여관이 천황의 머리를 묶고 옅은 화장을 해 주었다. 머리를 자르고 돌아온 천황을 보고 여관들은 경악하였다고 한다(단, 천황의 단발 시기에 대해서는 1872년이라는 의견도 있다).

이렇듯 시세에 맞지 않는 후궁의 개혁은 일찍부터 예정되었던 듯하지만, 1871년이 되어서야 여관을 파면하고 새롭게 사족士族을 시종侍從으로 등용하면서 궁정개혁에 착수할 수 있었다. 천황의 주변을 개혁하여 어린 천황을 새로운 국가의 제왕답도록 교육시키려는 정치가들의 의도가 드러난 것이었다. 오쿠보 토시미치의 국가구상 속에서 천황이 차지하는 비중을 생각해보건대, 이 시기에 오쿠보 토시미치가 궁내성 출사出仕를 희망하였던 것도 궁정의 현상이 우려할 만한 것으로 보였기 때문일 것이다.

그러나 누가 기초했는지 불분명하지만, 이 내칙의 문장은 실제로 일본의 문화가 직면한 문제가 서구근대와 일본 민족성의 피할 수 없는 접촉과 대립이었음에도 불구하고 논점을 서구와의 관계에 두지 않고 구래의 풍습에 대한 비판으로 치환시킴과 동시에 정치의 방향을 제시하고 있다는 점에 특징이 있다. 다른 문화와의 관계는 이러한 정치의 방향에 의해서 은연중에 표현되는 데 그쳤다.

황실제사의 신설

한편 정치적으로 보면 이 내칙에는 두 가지 흥미로운 점이 있다. 하나는 '무武로 다스리'는 것, 더구나 천황자신이 '원수元帥'임을 주장하고 있는 점이다. 이것은 군사국가를 향한 방향이다.

또 하나는 '진무창업神武創業'이 환기되고 있다는 점이다. 이것은 메이지유신의 왕정복고와 함께 등장하는 기기신화記紀神話,63) 즉 천황의 신화화를 의미한다.

이 시기에는 1872년 원시제元始祭64)와 1873년 기원절紀元節65) 등과 같은 황실의 제사가 잇달아 신설되었다. 종교사학자 무라카미 시게요시村上重良 씨는 현재 이러한 제사에 관한 오해가 있음을 지적하면서 다음과 같이 적고 있다.

> 황실제사는 깊숙한 황거(皇居)에서 옛날 방식에 따라 엄숙하게 치러진다는 선입관 때문에 모든 것이 고대부터 시작된 듯 생각하기 싶지만, 근대의 황실제사 중 대부분은 메이지유신 이후에 만들어진 새로운 의례이다. 천황이 친히 제사지내는 제전(祭典)은 모두 13개 정도인데, 이중 벼 수확에서 유래하는 신상제(新嘗祭),66) 이세신궁(伊勢神宮)의 제사를 새롭게 황실제사로 바꾼 신상제(神嘗祭)67) 이외는 모두 새로 만들어진 제사이다. 이것들은 크게 기기신화에 바탕을 두는 제사와 황령(皇靈)를 기리는 제사로 구성되어 있다.

근대천황제가 신화를 새롭게 구성하여 국가신도라는 종교를 신설하는 역할을 수행하려 했다는 종교사학적 견해에 따르면,

---

63) 『코지키(古事記)』와 『니혼쇼키(日本書紀)』에 근거한 일본의 건국신화.

64) 천손강림을 기리고 역대천황을 제사지내는 날로서 1월 3일이다. 전후 경축일에서 제외되었지만, 황실에서는 지금도 거행되고 있다.

65) 전전(前前)의 4대 경축일 중 하나로서 진무천황(神武天皇)이 즉위한 날로 추정되는 2월 11일을 기념하는 날. 전후 '건국기념일'로 바뀌었다.

66) 11월 23일에 천황이 새로 수확한 오곡을 천지신명에게 바치며 감사하는 제사. 전후에는 근로감사의 날이 되었다.

67) 9월 17일에 새로 수확한 신곡을 아마테라스오미카미(天照大神)에게 바치는 황실의 제사. 전후에는 황실과 이세신궁에서만 집행하고 있다.

천황신격화라는 초월적인 통일방향은 일찌감치 세워진 것이 된다. 하지만 만약 메이지정부가 여러 외국과 어깨를 나란히 할 수 있는 진정한 근대적 국가를 확립하고자 했다면, 그 권력은 초월적이거나 신비적이어서는 안 된다. 그러나 분명한 것은 천황의 초월화도 지향되었다는 점이다. 천황제국가는 이렇듯 서로 양립할 수 없는 모순을 동시에 지닐 수밖에 없게 된다. 또한 계몽사상가라 불리는 사람들조차도 많은 수가 기묘하게도 이러한 신화적 주술에서 벗어나지 못했다. 그 결과 유교적 도덕이 타협점으로 부상하였다.

내칙의 논리

내칙은 왕정복고라는 메이지유신 그 자체의 목표를 확인시킴과 동시에 현재의 '풍속'을 비판하는 형식을 취하였다. 오랜 악습인 현재의 '풍속'을 바꾸고 무단적武斷的인 기풍을 환기시켜 '상무의 국체'를 확립하려고 한 것이다. 서구의상의 도입도 이러한 '국체'를 위한 것이고, 나아가 이것은 군사국가를 확립하는 데 불가결하다는 것이다.

하지만 내칙의 논리는 전혀 다르게 해석하는 것도 가능하다. 지금 정비하려는 복식제도도 정치나 문화를 좋든 싫든 대외적으로 보여주기 위한 필요에서 발생한 것인데, 이는 일본의 국가나 문화전체를 상징하는 것이 아니라 상대적인 '풍속' 중 하나이고, 필요에 따라 그것을 채용하지만 '국체'는 전혀 바뀌지 않는다는 주장이 내포되어 있다고도 이해할 수 있다.

이렇게 내칙을 이해하면, 내칙의 논리는 근대적인 것과 전통적인 것의 타협을 도모한다는 점에서 오쿠보 토시미치나 키도 타카요시木戸孝允(1833~1877)[68] 등과 같은 개명적인 정치가들이 찾아내려고 고심했던 메이지국가의 지배원리와 완전히 동일한 논리가 된다. 또한 서양문명이 유입될 때 일본인이 '화혼양재'라는 식으로 문제를 처리할 수밖에 없었던 것과도 비슷한 논리이다.

내칙에는 이제 일본인이 입으려는 의상을 국체와 관련지을지 아니면 풍속과 관련지을지와 같은 어려운 문제에 대해 논리적인 결론을 내리려는 의도가 애초부터 없었다. '국체'도 '풍속'도 그 정의는 애매한 채, '국체'는 '풍속'을 초월하고 확고하여 변하지 않는 것, 지금 대외적으로는 새로운 복식제도의 채용이 필요한데 이는 국체유지를 위해서 정당하다는 것, 또한 이제 군사국가라는 방향이 필연적인 국시国是라는 것 등을 논리적인 맥락을 만들지 않은 채 나열함으로써 결국은 지배의 원리를 설명하고 있는 것이다.

서구화된 예복제도의 확립

아무튼 1872년 11월에 이르러 마침내 종래의 예복을 일신하는 제도가 정해졌다. 이로써 조의朝儀에 참석하는 신하의 복장은 모두 서구화되었다. 즉 일본의 고유의상은 제사복장 이외에 가리기누狩衣·히타타레直垂·카미시모裃는 모두 폐지되고 새롭게 대예복大礼服과 통상예복이 제정되었다.

---

68) 초슈번(長州藩) 출신의 정치가. 사츠마번과 함께 막부를 타도하는데 주도적인 역할을 한 정치가. 메이지정부내 진보파의 중심으로서 판적봉환, 폐번치현 등을 주도하였다. 사이고 타카모리, 오쿠보 토시미치와 함께 '유신 3걸'로 불린다.

예복제도는 명확한 신분제의 표식으로 구성되었다. 대예복은 크게 재관在官과 비非재관으로 나누고, 재관에 대해서는 칙임勅任 · 주임奏任 · 판임判任 등 세 종류로 나누었다. 비재관에 대해서는 4위位 이상과 5위 이하 두 종류로 나누었다. 복장은 검은색 모직의 연미복 형식으로 모두 비슷했지만, 가슴과 소매 등의 장식문양이 하위로 갈수록 작게 새겨졌고 바지 색에 따라 위계를 한눈에 알아볼 수 있도록 만들어졌다. 즉 흰색은 칙임 및 4위 이상, 회색은 주임 및 5위 이하, 감색은 판임을 나타냈다.

이러한 복장이 신분을 시각화하는 체계로 조직화될 수 있었던 것은 이미 1872년 5월에 칙임 · 주임 · 판임의 구별을 통해 관료를 신분으로 만들고, 이러한 관료가 지배기구상의 단순한 직책이 아니라 천황제국가의 계층화에서 중추적인 역할을 하게 되었기 때문이다.

천황의 복식제도는 점차 근대국가의 군주에 상응하는 방향으로 나아감과 동시에 군인천황이라는 겉모습을 강화시켰다. 『메이지천황기』에 따르면, 우선 1873년에 "각국 제왕의 복식제도를 참작하여" 맞춘 군복을 약식으로 정하고, 1878년에는 정장과 군복 두 종류를 정하고 훈장과 대수大綬69)의 부착방법도 구주 각국의 예에 따라 정했다. "오스트리아 · 이탈리아 · 독일 · 러시아의 황제는 특별한 복장을 사용하지 않는 점"을 참작하여 1886년에는 그때까지 천황이 일반 군복과는 다른 특별한 군복을 착용하였던 제도를 바꾸어 육군대장과 같은 종류의 군복을 천황의 군

---

69) 중요 훈장을 받은 이의 어깨에 걸쳐 두르는 넓고 큰 띠.

복으로 정했다. 몇 번에 걸친 복식제도의 개혁은 그때마다 모두 구주 각국의 황제를 모방하면서 그것에 가까워져 갔다.

이렇듯 복식제도의 발전은 내칙의 논리와 상관없이 대외적인 대응관계에 의해 결정되었다. 마침내 1880년대 중반에 이르러서는 천황이 마침내 근대국가의 군주다운 겉모습을 갖추게 되었다. 메이지유신 이래 정치가들이 지향해 온 가시적인 권력이라는 것이 '보이는 천황'의 모습으로 그 형태를 갖추게 된 것이다.

근대화와 전통

그러나 정치가들이 원했던 지배원리는 보이는 권력의 확립만으로 끝나는 것이 아니었다. 근대화할 수밖에 없는 시각적인 공간이 확대되면, 여기에서 거꾸로 전통적·도덕적 요청이 강렬하게 용솟음치게 된다. 이것은 통합의 원리를 천황 중심의 윤리적인 공동체로 바꾸는 요청이었다. 따라서 '보이는 천황'에게 외관을 부여하고 사회를 근대에 적응시키는 조건을 갖추는 시각기술만으로는 충분하다고 말할 수 없었다. 내칙이 암암리에 말하고 있는 '화혼양재'적인 이원적 원리가 정당화를 요구하게 된 것이다.

사쿠마 쇼잔佐久間象山(1811~1864)[70]은 옥중에서 저술한 『성건록省諐錄』에서 군자에게는 다섯 가지 즐거움이 있다고 적고 있다. 그 중 다섯 번째로 "동양의 도덕과 서양의 예술을 어느 하나 빠짐

---

70) 막말기의 사상가이자 병학자. 난학과 포술에 능하였고, 막부에게 해방(海防)의 급무를 주장하였으며, 1854년 제자인 요시다 쇼인의 밀항에 연루되어 유폐당하기도 하였다.

없이 모두 갖추어 민물^{民物}을 윤택하게 만들어 국은^{国恩}에 보답하는 것"을 언급하고 있는데, 여기에서 사용된 '동양의 도덕과 서양의 예술'(여기에서 예술은 기술을 의미함)이라는 표현이 너무도 유명해지면서 '화혼양재'는 공식화되고 정당화되었다.

하지만 사쿠마 쇼잔은 과연 정신적인 것과 물질적인 것을 분리하고 이것을 동양과 서양의 문화에 기계적으로 적용시킬 만한 이원론자였을까. 말할 필요도 없지만, 당시 그는 아직 근대를 향해 열려진 사회 속에서 '화혼양재'를 언급했던 것은 아니었고, 따라서 그는 문화의 다원적 구조를 복잡한 그대로 파악할 수 있는 표현을 지니지 못했다. 그가 말하는 '군자의 다섯 가지 즐거움'은 근대과학과 인륜을 모두 겸비한 이상^{理想}이지만, 그의 왕성한 지적 호기심을 고려하건대, 그는 서양의 학문예술과 전혀 다른 환경에 있었기 때문에 오히려 서양의 문화마저 상대적인 가치 속에서 파악할 수 있었고, 이러한 그의 인식으로 인해 '동양의 도덕과 서양의 예술'을 말할 수 있었을지도 모른다.

'화혼양재' 사상의 본질

또한 막말기에 구미를 다녀온 사람들, 특히 사절단의 구성원 중에서는 낮은 지위의 사람들임에도 상급자들은 생각하지도 못하는, 실로 적확한 관찰과 판단을 뛰어난 기록으로 남기고 있다는 사실을 잊어서는 안 된다. 예를 들어 1860년 구미사절단의 기록인 『항미일록^{航米日録}』을 저술한 타마무시 사다유^{玉虫左太夫}(1823~1869)의 경우가 그 전형적 예이다.

구미사절단에 자원하여 수행하게 된 타마무시 사다유는 본래 유학을 공부하여 '성현聖賢의 도道'를 받들고 있었지만, 오히려 이러한 관점에서 서구세계를 조금씩 발견해 나갈 수 있었고 마침내 끊임없는 상사의 규제에 힘들어하면서도 관찰과 해석이 풍부한 기록을 남길 수 있었다. 그 내용은 주로 보이는 것들의 세계를 상세하게 관찰하고 해석한 것이었지만, 부분적으로는 서구의 휴머니즘도 언급하는 등 서구인이 인류에서도 뛰어난 점이 있음을 솔직히 인정하고 있다.

타마무시 사다유가 지녔던 리얼리즘이 에도말기의 일본문화 중 어디에서 발생했는지는 흥미 깊은 문제이다. 이것은 이외로 유학자의 소양이 아니었다는 가설도 세울 수 있게 한다. 한문의 문체가 세계를 대상화하고 이를 가시적인 존재로 다룰 수 있는 언어였다는 점은 일찍이 마에다 아이前田愛 씨가 지적한 바 있는데, 한문의 문체를 사용한 타마무시 사다유의 언어야말로 보이는 것을 객체화시킬 수 있었던 것이다.

이러한 사례를 보면, 서구문명을 처음 접한 일본인의 지적 경험이 단순히 유학적 교양과 계몽사상을 대립시키고 서양과 일본의 문화를 대립시킨 뒤, 자신의 존재기반을 화혼和魂에서 찾고 실용적으로는 서양의 지식을 공존시키는 '화혼양재' 수준에 머물러 있었다고는 생각할 수 없다. 설령 이러한 지점에서 출발했더라도 서구와의 접촉에는 자기변혁을 다그칠 만한 것이 있었다. 메이지정부의 '화혼양재'사상은 이러한 과거의 가장 급진적인 사상적 경험을 정치적 차원에서 단순화시키고 해체 및 변질시킨 것이었다고 생각할 수 있다.

이것이 복식제도라는 눈에 보이는 세계에서는 정치적인 언어인 '국체'와 '풍속'이라는 개념으로 물질과 정신에 관한 경험을 분리시킴으로써, 한편으로는 부국강병과 연결되는 근대적인 생산력으로의 길을 남기고 전체적으로는 초월적이고 윤리적인 국가적 통합의 지배원리에 포함되었다.

천황이 외부의 시선을 받고 시각적으로 겉모습을 바꾸는 반면, 천황 자신의 눈으로 보고 손으로 만지는 지知에 대해서는 이차적인 가치밖에 인정하지 않는 교육이 '군덕君德의 함양'으로 제시된 것도 이러한 정치적 의도와 관계없지는 않다.

3. 천황의 교육

천황친정의 이미지를 만들다

이미 인용했던 오쿠보 토시미치의 편지에서 보듯이, 메이지유신기의 정치가들은 당시 아직 어렸던 천황에게 불안감을 느끼고 천황의 교육을 서둘렀다.

천황은 18살이 된 1869년에서야 눈썹을 지우고 먹으로 눈썹을 그리는 것引眉을 그만두고 자연 그대로 놔두는 의례眉拭儀를 치뤘다. 물론 과거에도 유제幼帝는 존재했지만, 천황불친정天皇不親政의 경우에는 천황이 명목적으로 존재하는 것이기 때문에 이것은 문제시되지 않았다. 하지만 이번에는 그렇지 않았다. 메이지유신은 천황의 친정을 주제로 삼아 시작되었고 메이지원년인 1868년에는 정무친재政務親裁를 선언했기 때문이다.

정치의 중심에는 항상 '친정親政을 실시하는' 천황상天皇像이 누가 보더라도 알 수 있도록 존재해야 했다. 천황이 어떤 정치적 판단을 할 수 있는지가 아니라 천황의 존재가 친정이라는 이미지에 얼마나 적절하고 유효한지가 메이지유신기의 정치가들에게는 무엇보다도 주된 관심사였다. 천황의 자질이든지 제도이든지 신화이든지, 어떤 것으로 천황상을 유지할 것인지에 집중되었다.

그러나 제도로 운영되는 정치기구는 아직 완성되어 있지 않았다. 따라서 정치적으로도 하나는 신화가, 다른 하나는 천황이 성숙했다는 이미지를 목표로 삼을 수밖에 없었다. 이리하여 '군덕의 함양'이 일찍부터 주제가 되었던 것이다.

그 내용은 메이지유신의 추진자들이 생각하고 있었던 것 이상으로 정치프로그램과 밀접하게 관련되었다. 따라서 천황의 교육을 생각한다는 것은 천황 개인의 성장을 논하는 것이 아니다. 천황의 교육이라는 테마는 정치가들이 정치지배의 구상을 어떻게 전개했는가라는 점에서 흥미 깊은 것이다. 그 방향은 두 가지였다.

이미 언급한 바와 같이 천황의 겉모습은 근대국가의 군주인 서구의 군주를 본 뜬 복식제도를 채용했지만, 이것은 동시에 군인으로 치장한 것이었다. 따라서 하나는 시각적으로 군인천황의 모습을 만들어가면서 여기에 어울리는 천황의 내실을 만들어내는 것이다. 이것은 정치적으로는 천황을 군의 통수자로 규정짓는 것에 대응한다.

다른 하나는 천황에 대한 학문교육이다. 이것은 유학에 편중되어 결국은 유학자 모토다 나가자네元田永孚(1818~1891)[71]가 교육자로 등장하는 것으로 상징되는데, 이는 마침내 민중과의 정치적 관계에서는 교육칙어라는 표현형태가 된다.

천황의 군인교육

천황의 군인교육은 일찍부터 시작되었다. 승마는 전통적인 안장으로 시작되었지만, 1871년 말에는 서양식 안장으로 바뀌었다. 사이고 타카모리西郷隆盛(1828~1877)[72]는 고향에 있는 숙부에게 보낸 편지에서 "승마는 날씨만 괜찮으면 매일 연습하도록 되어 있다"고 적고 있는데, 『메이지천황기』에 기술된 내용을 보더라도 실제로 거의 매일 실시되었던 것 같다.

또한 1872년에는 천황이 직접 호령하며 군대를 지휘하는 훈련이 시작되었다. 처음에는 시종들을 병사로 삼아 연습했지만 마침내 근위병 1소대를 상대로 지휘훈련이 실시되었다. 사이고 타카모리는 앞의 편지에서 "앞으로는 조련을 격일로 실시할 것입니다. 반드시 대대大隊를 친히 인솔하시어 대원수大元帥는 몸소 지

---

71) 메이지 시기의 유학자이자 교육가. 메이지천황의 측근으로 교육칙어의 기초에 참여하였다.

72) 사츠마번(薩摩藩) 출신의 정치가. 1873년 정한론 정변 당시 에토 신페(江藤新平), 이타가키 타이스케(板垣退助) 등과 함께 하야한 후, 카고시마(鹿児島)에서 사학교(私学校)를 열고 교육에 전념하였다. 1874년 이후 사가(佐賀)의 난 등과 같은 불평사족들의 반란이 계속되자 1877년에 사학교 학생들의 폭동을 계기로 발생한 세이난전쟁(西南戦争)의 지도자가 되었다가 정부군에 의해 패배한 후 스스로 목숨을 끊었다.

휘한다는 것을 보이신다 하니 무엇보다 황공하고 감사할 따름”이라고 전하면서, 천황이 종래의 여성적인 궁정을 벗어나 점차 용감하고 씩씩해져 가는 것을 기뻐하였는데 이것은 사이고만의 생각은 아니었다. 천황의 군인화야말로 이와쿠라 토모미와 오쿠보 토시미치 등과 같은 정치가들의 의도에 따른 것이었다.

군인교육의 정점은 1873년에 근위병을 이끌고 실시했던 야영 연습일 것이다. 천황도 비바람 속에서 야영을 하고 이튿날에는 대항연습을 직접 지휘하였다. 이리하여 점차 군대를 통솔하는 능력을 지닌 천황이라는 이미지가 정착하고, 마침내 1882년 1월 4일에 발표된 ‘군인칙유^{軍人勅論}’73)의 첫머리에서는 “우리나라의 군대는 대대로 천황이 통솔하는 바이다”라고 언어화되기에 이른다.

유학자에 의한 강의

한편 천황의 교육은 예를 들어 1869년 4월에 개정된 일과에서는 『니혼쇼키^{日本書紀}』·『시경^{詩経}』·『자치통감^{資治通鑑}』·『정관정요^{貞観政要}』·『대학^{大学}』·『국사^{国史}』 등의 시간표를 정하여 학자의 강의를 받도록 되었다. 이것은 수시로 바뀌다가 1870년 말부터는 카토 히로유키^{加藤弘之}(1836~1916)74)가 매주 2~3회씩 구미의 정체^{政体}

---

73) 메이지천황이 1882년 1월 4일에 육해군에게 내린 칙유. 군대가 천황직속임을 강조한 내용은 군인들의 정신교육에 이용되었다.

74) 메이지 시기의 철학자이자 교육자. 토쿄대학 총장 등을 역임하였다. 1873년에 후쿠자와 유키치(福沢諭吉) 등과 함께 메이로쿠샤(明六社)를 결성하는 등 초기에는 『국체신론(国体新論)』에서 천부인권사상을 주장하였으나, 이후 『인권신설(人権新説)』에서는 사회진화론적 입장에서 국가주의를 주장하였다.

와 제도 및 역사를 강의함과 동시에 1871년에는 독일어의 학습도 시작하였다. 니시 아마네西周(1829~1897)[75]가 박물신편博物新編에 대해 강의를 하기도 하였다.

1871년 6월부터는 모토다 나가자네가 추가되었고, 1878년부터는 『논어』에 대한 강의가 시작되었다. 그는 강의를 그만둔 뒤에도 천황에게 지대한 영향력을 발휘하였다. 이 시기의 강의내용인 『경정어진강록経筵御進講錄』은 그의 사상을 파악하는 데 적절하다. 예를 들어 「논어제자입효장論語弟子入孝章」은 "현재의 교육은 지육智育·덕육德育·체육体育의 겸비를 말한다. 하지만 그 지智나 덕德을 위한 교재는 오로지 서양의 것만 사용하므로 우리나라의 실정에는 맞지 않는다. 우리나라의 실정에 맞는 교재는 공자의 가르침을 표준으로 삼아야 한다"고 시작되고 있다.

모토다 나가자네는 메이지유신 이래의 교육방법이 구미의 문명을 기준으로 삼은 결과, 법률·과학기술·경제 등에 대한 지식은 분명히 넓어졌지만 일본인의 혼은 결여되었다고 판단하면서, 일본에서의 교육은 일본인의 혼을 양성하는 것이며 이것이 빠지면 교육이 아니라고 생각하였다. 이러한 모토다 나가자네가 천황의 교육에서 보여 준 유학적 사고방식은 이미 유신정부의 정치로도 표현되고 있었다. 예를 들어 1868년 동행東幸 당시 천황이 민중에게 던진 메시지는 '효자·의복義僕·절부節婦'에 대한

---

75) 메이지 시기의 계몽사상가. 막말에 네덜란드에 유학한 후 개성소(開成所) 교수로 재직하면서 『만국공법(万国公法)』을 번역하였다. 메이지유시 후 1873년에 메이로쿠사(明六社) 결성에 참가하여 사양철학을 소개하였다. 'philosophy'의 번역어 '철학'은 그가 고안한 번역어이다.

표창이고, 이와 같은 유교적 도덕에 의한 교화는 이후 저변에 있는 민중을 자발적으로 복종시키는 교묘한 통치방법이 될 수 있었다. 이미 1870년 1월 3일에 내려진 『대교선포^{大教宣布}』76)에서는 천황의 만세일계와 '제정일치'가 분명히 드러나 있었다. 유교적 도덕이 이데올로기로서는 천황제의 신화에 포함될 준비가 된 것이다.

유교적 도덕의 목적

후지타 쇼조 씨에 따르면, 『대교선포』는 '정^政'과 '교^教'의 병행을 분명히 밝힌 것이다. 그는 유신당시의 이른바 급진적 정치가가 천황제국가의 집중적 형태를 근대의 전제인 절대주의로 만들지 못하고 정치적인 것과 전통적인 도덕의 타협을 시도할 수밖에 없었음을 지적하고 있다. 이 전통적 도덕이야말로 천황교육의 주된 골격이었다. 또한 그는 이와 같은 '교^教'에서 모범적인 인간으로 여겨진 것은 "'효행'을 중심으로 하는 전통적 윤리로의 경도 속에서 모든 주체적 에너지를 투입하는 전통지향형 인격자"였다고 한다.

이에 덧붙이자면 메이지정부는 이러한 인격자를 기리고 그 인위성을 자연화하는 데 성공하였다. 인위성을 자연화하는 조작이야말로 현대에 만들어내는 신화의 구조이고 사람들은 더 이상 이것을 신화라고 느끼지 않게 된다. 민중이 자연스럽게 그

---

76) 천황숭배를 중심으로 하는 신도의 교의를 선포하기 위해 1870년부터 시작된 국민교화운동. 1872년 교부성(教部省)의 설치를 계기로 조직적인 활동에 들어갔다. 1875년 대교원(大教院) 폐지에 의해 좌절되었다.

속에서 살아가게 되었을 때 천황제지배의 가장 중요한 구조인
'아래로부터의 호응'이 완성되었다. 교육칙어가 발포되자 민중
은 이에 호응하듯이 행동하였고, 나중에 자세히 검토하듯이 '어
진영御真影'의 경우도 위로부터 강요당하지 않더라도 원하면 하사
한다는 상부의 말이 떨어지자마자 하부 모두가 일제히 신청하
는 사태가 발생하였다. 이렇듯 아래로부터의 호응이 발생했을
때 지배기구로서의 천황제는 일단 완성되었다고 할 수 있다.

모토다 나가자네의 논어강의에서 나타나는 것, 즉 교육은 과
학에만 편중되어도 괜찮은가, 일본인의 정신은 어찌한단 말인가
라는 사고방식은 나중에 그의 『교학대지教学大旨, 소학조목小学条目』
(1879년)에 이르면 다음과 같이 평범하고도 구체적으로 주장되고
있다.

> 인의충효의 마음은 모든 사람에게 있다. 그러나 어릴 적에 그 뇌수에
> 각인시켜 배양하지 않으면 다른 것들이 이미 자리를 잡아 나중에는 어찌
> 할 수가 없다. 따라서 현재 소학교에서 사용하는 그림책에 고금의 충
> 신·의사(義士)·효자·절부(節婦)들의 초상사진을 실어서 어린아이가
> 입학하면 처음부터 우선 이 초상을 보여주고 그 개략적인 행적을 설명하
> 여 충효의 도리를 제일 먼저 뇌수에 각인시킬 필요가 있다. 이렇게 한 후
> 에 여러 가지 사안들을 가르치면 장차 충효의 심성을 양성하고 박물(博
> 物)을 배움에 있어서 근본을 그르치는 일이 없다.

여기에서는 유교적인 시각교육이 제시되어 있는데, 여기에서
이미지화된 초상은 몹시 자극적인 색채로 모든 것을 정념적인
모노가타리로 보여주는 니시키에의 시각적 표현과 기묘할 정도
로 일치한다.

또한 모토다 나가자네는 1881년에 『유학강요幼学綱要』를 편찬하였는데, 이러한 사고방식은 천황에게도 뚜렷이 나타나고 있다. 원래 『교학대지, 소학조목』은 1878년 호쿠리쿠北陸・토카이도東海道 순행 당시 실시한 학교교육의 시찰을 기초로 천황이 모토다 나가자네에게 의견을 묻고, 이에 대해 모토다 나가자네가 정리한 것이다. 『메이지천황기』에 따르면, 천황은 1886년에 제국대학을 시찰할 때, 모토다 나가자네에게 "이렇게 해서 과학자는 만들어져도 국가경륜의 임무를 다할 인재가 만들어지겠는가"라고 말했다고 한다. 그는 이를 계기로 대학교육에 개입하게 되었다고 하는데, 이러한 교육으로 만들어지는 천황제국가의 모범적 인간이야말로 '화혼양재'라는 단어로 표현할 수 있는 것이었다. 당연히 천황의 교육은 이러한 노선을 밟아갔다. 바꿔 말하면 일본의 민중통치의 목표가 천황의 교육이라는 형태로 제시된 것이다.

제3장

순행(巡幸)의 시대

1. 6대 순행 – 천황이 보다

대규모적인 전국 순행

1872년 5월 23일, 천황은 니시코쿠西国 순행을 위해 토쿄를 출발하였다. 천황은 시나가와品川 앞바다에서 군함을 타고 이세伊勢・오사카・쿄토・시모노세키下関・나가사키長崎・쿠마모토熊本・카고시마鹿児島・마루가메丸亀・코베神戸를 거쳐 7월 12일에 토쿄로 돌아왔다. 대부분 해로를 이용한 여행이었다. 이 순행을 시작으로 천황은 1876년 토호쿠東北 순행, 1878년 호쿠리쿠北陸・토카이東海道 순행, 1880년 츄오도中央道 순행, 1881년 토호쿠東北・홋카이도

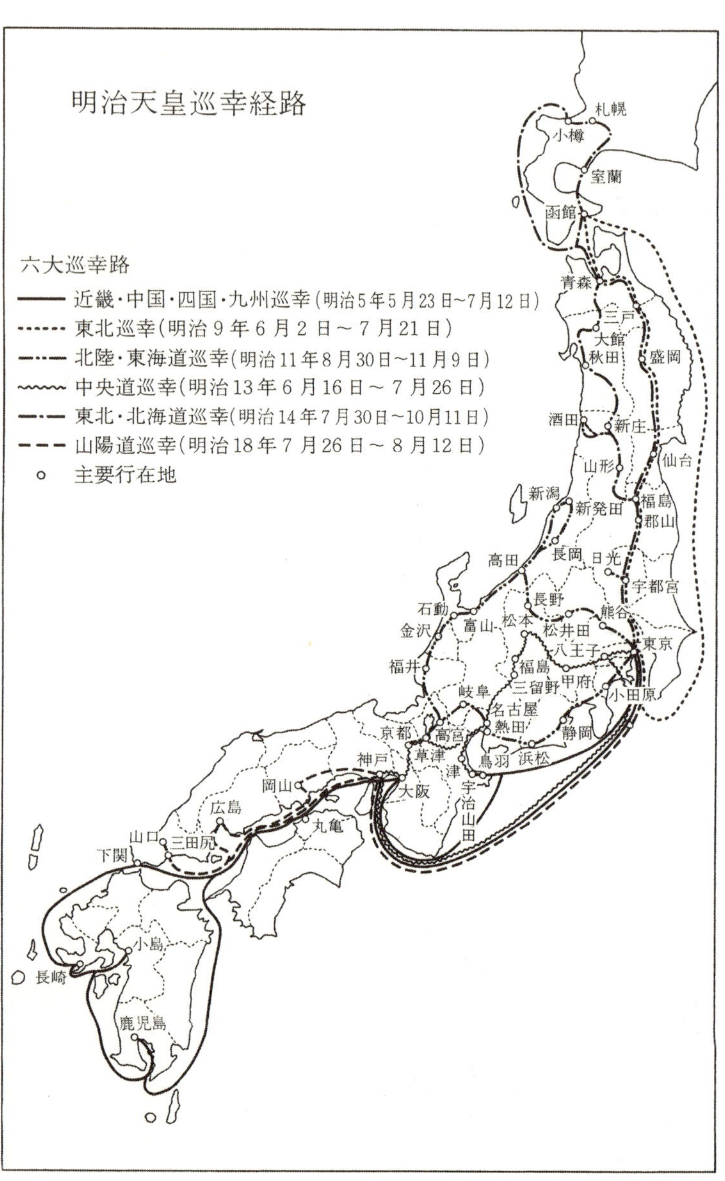

明治天皇巡幸経路

六大巡幸路
―― 近畿・中国・四国・九州巡幸（明治5年5月23日～7月12日）
‥‥ 東北巡幸（明治9年6月2日～7月21日）
―・― 北陸・東海道巡幸（明治11年8月30日～11月9日）
〜〜 中央道巡幸（明治13年6月16日～7月26日）
―・― 東北・北海道巡幸（明治14年7月30日～10月11日）
―― 山陽道巡幸（明治18年7月26日～8月12日）
○ 主要行在地

札幌
小樽
室蘭
函館
青森
三戸
大館
秋田
盛岡
酒田
新庄
仙台
山形
新潟
新発田
福島
郡山
高田
長岡
日光
石動
長野
熊谷
宇都宮
金沢
富山
松本
松井田
福井
八王子
東京
岐阜
福島
三留野
甲府
小田原
名古屋
京都
高宮
熱田
静岡
神戸
草津
鳥羽
浜松
岡山
津
大阪
宇治
山田
広島
丸亀
山口
三田尻
下関
小島
長崎
鹿児島

北海道 순행, 1885년 산요도山陽道 순행 등 메이지 10년대(1870년대 중반~1880년대 중반)에 각각 1, 2개월에 걸친 대규모 순행을 6회 실시하였다.

일본열도 전체를 대상으로 한 대규모 순행이 왜 계획되었고, 어떠한 효과가 있었는지는 흥미 깊은 문제이다. 이 순행의 정치적 목적은 흔히 당시의 불안정한 지방 정치정세에 대응하여 민심을 수렴하는 것에 있었다고 여겨지고 있다. 하지만 이것뿐이었을까.

분명 당시는 전국적인 규모로 농민봉기一揆가 속출하고, 질록처분秩禄処分77)을 당한 사족의 반란도 빈발하여 정치적 상황은 그다지 안정적이지 못했다. 더욱이 1873년에 공포된 징병제에 대한 반항도 끊이지 않았다.

농민봉기는 주로 지조개정地租改正78)에 대한 반항이었다. 과거 봉건제에 의한 영유를 국가적 영유로 전환시킨 후, 정부는 봉건시대보다 세금의 수입이 줄지 않도록 세액을 정했기 때문에 실질적으로 농민에게는 미납米納에서 금납金納으로 바뀐 것에 불과하였다. 더욱이 미납은 한 번에 납부할 수 있지만 금납은 농민

---

77) 메이지정부가 실시한 화족·사족의 급록(給録) 폐지와 공채교부의 조치. 근세 영주와 그 가신단의 급록은 1869년 판적봉환 이후 새로운 신분이 된 화족·사족의 가록(家禄)으로 이어졌다. 하지만, 1871년 폐번치현 이후 재정부족과 함께 징병령 및 지조개정에 의해 봉건적 가신단과 토지영유제가 해체됨에 따라 1873년부터 가록을 반환하는 자에 한해 질록공채를 발행하여 부분적으로 가록을 폐지하였다. 가록제도의 전면적인 폐지는 1876년에 이뤄졌다.

78) 메이지정부가 1873년에 공포한 토지제도 및 세제(税制)의 근본적 개혁. 그동안의 현물공조를 금납(지가의 3%)으로 바꾸고 종래의 토지보유자를 토지소유권자로 확정하였다. 이를 통해 정부는 재정적 기초를 확립하였다.

들이 분납할 수밖에 없기 때문에, 이것이 허용되지 않는 한 농민의 생활은 이전보다 어려워질 수밖에 없었다.

적어도 메이지 초기의 순행 당시, 중앙정부와 지방의 관심을 집중시켰던 정치문제는 지조개정문제였다. 이것은 순행 실시 중 있었던 각 현령縣令들에 대한 하문下問과 그들의 답변 속에서도 드러나 있다.

순행의 목적

아무튼 민중은 봉기를 일으키지 않고서는 견딜 수 없을 정도로 정치적인 압박을 느끼고 있었다. 이러한 봉기가 자유민권운동의 고조에 기반이 되자 정부는 이것을 억누를 방책으로 고심하였다. 이때 강압적으로 임하기보다 천황이 직접 전국각지에 모습을 드러내어 민중의 마음을 사로잡는 쪽을 필요한 시책으로 선택하였던 것이다.

이 정책의 최초 입안자는 누구였을까. 『메이지천황기』는 이 건의를 육군성陸軍省이 제출했다는 전문伝聞을 싣고 있지만, 일찍이 동행東幸의 예를 보더라도 이와쿠라 토모미나 오쿠보 토시미치 등과 같은 이른바 개명파 정치가들이 입안했다고도 추론해 볼 수 있다. 그 효과에 대해서는 최초의 시도였던 동행을 통해 이미 입증되어 있었다. 단 동행에서는 천황이 봉련鳳輦 속에만 있었기 때문에 모습을 보이지 않으면서 토카이도東海道를 지나왔지만, 이번에는 천황이 자신의 모습을 민중 앞에 드러내었다. 이것의 효과도 이미 소규모 행차를 통해 확인되었다. 즉 순행의 입안자는 눈에 보이는 세계에서 제시될 수 있는 위광威光의 효과

키시다 긴코(岸田吟香)의 『토호쿠 순행기(東北御巡幸記)』 삽화

를 노렸던 것이다. 구체적인 정책으로 해결해야 하는 문제를 천황과 민중의 시각적 커뮤니케이션을 통한 심리적인 관계로 치환시킨 것이다.

이러한 심리적 작전은 성공하였다. 순행에는 여러 가지 프로그램이 마련되어 있었는데, 결국은 천황을 아직 본 적 없는 지방 사람들이 천황을 눈으로 확인하도록 하는 데 목적이 있었다. 실제로 당시 변방에 살던 민중들에게는 천황을 숭배하는 마음은 물론이고 천황에 대한 관심조차 아직 없었다.

『토쿄니치니치신문東京日日新聞』에 게재된 키시다 긴코岸田吟香(1883

~1905)[79]의 수행기록 『토호쿠 순행기東北御巡幸記』에는 순행일행을 맞이하는 사람들이 기술되어 있다. 이들 중에는 봉련이 지나감에도 불구하고 여전히 진흙 속에서 발장난을 치며 걸터앉아있는 농부나 여자아이들, 벌거벗은 어린아이에게 젖을 먹이고 있는 여성 등도 묘사되어 있는데, 이는 천황에게 무관심한 사람들이 존재했음을 말해주고 있다. 이러한 사람들에게는 천황을 두려워하거나 공경하는 감정이 전혀 없었다.

1871년의 니시코쿠(西国) 순행은 유신 후 시간이 얼마 지나지 않은 위험성을 고려해서인지 육로를 피해 해상을 이용하여 몇 군데 주요한 도시에만 상륙했을 뿐이었지만, 1876년 토호쿠 순행 이후에는 육로를 통해 긴 여행을 하면서 다양한 장소를 방문했기 때문에 천황을 보는 행사인 순행은 보다 넓은 범위에서 실시되게 되었다.

순행에 의한 지배의 강화

이러한 순행이 민중에게 끼친 전체적인 효과를 종합해보면, 우선 천황의 존재를 알게 하였다는 것이다. 즉 천황은 자신을 민중에게 보임으로써 민중이 전혀 인식하지 못하는 사이에 권

---

79) 일본의 신문기자, 실업가, 교육가. 1874년 대만출병 당시 일본인 최초로 종군기자로 활동하면서 『대만종군기(台湾従軍記)』를 『토쿄니치니치신문』에 연재하였다. 1877년부터는 안약(眼薬) '세이키스이(精錡水)'를 판매하기 시작하여 중국에도 판로를 개척하였고, 이를 기반으로 에노모토 타케아키(榎本武揚, 1836~1908) 등과 함께 흥아회(興亜会)를 조직하거나, 일청무역연구소(日清貿易研究所, 1890년 9월~1894년 8월), 동아동문회(東亜同文会, 1898년 11월), 동아동문서원(東亜同文書院, 1901년 4월) 등의 설립을 지원하였다.

력을 행사하고 지배를 강화하였다.

순행은 정치적 행사였다. 키시다 긴코는 길가 여기저기에 소학교 학생들이 정장차림으로 줄을 서서 마치 군대처럼 정연하게 경례를 하는 모습 등, 천황을 맞이하는 사람들을 반복적으로 기술하였다. 순행에 대한 비판도 적지는 않았지만 행사로서의 순행은 대체적으로 성공하였고, 이를 통해 천황은 보이는 권력으로서 전국을 순회하고 민중은 황공히 이를 우러러 보는 관계가 만들어졌다. 이 관계는 순행이 반복됨에 따라 일본열도의 구석구석에까지 침투해갔다.

이미 언급한 바와 같이 메이지 시기에는 기기신화^{記紀神話}를 강조하면서 여러 제사를 신설하고 이를 통해 천황의 신성함을 확고히하려고 했지만, 실제로는 민중 자체가 이렇듯 시각적 관계를 의례로 경험했던 것이 오히려 시선의 중심으로 침투할 수 없는 신성함을 만들어 내는 결과가 되었다. 메이지정부가 의도한 신화의 자연화도 이 경험이 없었으면 불가능하였음에 틀림없다.

이 정도로 긴 세월에 걸쳐 실시된 대규모 순행에 의한 지배의 확립은 이때까지 일본에서는 그 유례를 전혀 찾을 수 없는 것이지만, 서양에서는 상당히 오래 전부터 있었던 정치기술의 한 유형이다. 예를 들어 16세기의 신성로마 황제 칼 5세^{Karl V}(1500~1558)가 이른바 '행사로서의 순행'을 반복하였던 것은 잘 알려져 있다. 그는 '북해연안의 저지대 지방에는 10회, 독일에 9회, 이탈리아에 7회, 프랑스에 4회 그리고 잉글랜드에 2회, 아프리카에 2회' 방문하였다. 영국의 미술사학자 로이 스트롱^{Roy C. Strong} 씨는 『예술과 권력^{Art and power─Renaissance festivals}(1450~1650)』에서 칼 5세만이 아니라

동일하게 대규모 순행을 실시한 프랑스의 샤를 9세^{Charles IX}(1550
~1574) 등을 언급하면서 "이러한 각지로의 순행에 의해서 체제에
대한 지지가 강화되고 체제가 널리 알려져 구석구석의 지방정권
들에게까지 미치게 되었다. 이처럼 지배자를 실제로 눈앞에서 보
여줌으로써 제관帝冠이라는 추상물이 구체적인 것으로 되었다"고
순행의 정치적 의미를 요약하고 있다.

특히 16세기 유럽의 순행은 왕권과 국가와 우주질서의 동일성
을 눈으로 볼 수 있도록 하는 축제예술을 동반하였다. 예를 들어
왕이 도시로 들어갈 때에는 심혈을 기울여 완성한 개선문의 장
식과 축제의 연극에 왕권과 우주를 결부시키는 우의寓意가 화려
하게 전개되었다. 이것과 비교하면 메이지의 순행에는 웅장한
요소가 희박하다. 또한 일본의 경우는 민중이야말로 이러한 행
사가 성립하기 위해 반드시 필요한 참례자였다. 하지만 지배의
강화라는 순행의 의미는 상당정도 메이지의 순행에도 부합된다.
메이지의 경우도 '지배자를 눈앞에서 보여주는 것'에 의해서 하
나의 특별한 행사가 성립되었던 것이다. 하지만 바로 이 점에서
순행의 정치적 효과만이 아니라 그 한계도 드러나게 된다.

순행에서 '어진영'의 하사로

조금은 앞서가는 이야기인 것 같지만 대단히 흥미 깊은 점을
지적하고자 한다. 메이지 10년대에 실시되었던 순행은 메이지
20년대(1880년대 중반~1890년대 중반)에 들어서 더 이상 실시되지
않았다는 점이다. 그 대신 정확히 메이지 20년대 초부터 '어진
영'이 전국의 소학교로 하사되기 시작하였다. 이러한 하사는 우

연의 일치가 아니다. 그렇다고 해서 결코 지방이 안정된 것은 아니었다. 요코야마 겐노스케橫山源之助(1871~1915)의 표현을 빌리자면, 당시는 "코노 히로나카河野広中(1849~1923) 등의 후쿠시마사건福島事件,80) 아카이 카게아키赤井景昭(1859~1885)의 타카다사건高田事件,81) 토미마츠 마사야스富松正安(생몰불명)의 카바산사건加波山事件,82) 오이 켄타로大井憲太郎(1843~1922)의 오사카사건大阪事件83) 등 1882년 말부터 1885년 말에 이르기까지 발생한 정치 사건들을 이루 헤아릴 수 없는" 상황이었다. 따라서 시각적 전략의 기술전환은 순행의 한계와 함께 사회가 새로운 단계에 들어섰음을 의미한다. 충분히 시간을 들여서 실시된 순행이라는 행사가 전국적으로 기반을 다진 결과, 천황을 눈앞에서 보여주지 않더라도 의례적 시선이 중심에 집중되는 공간적 관계만은 사회에 남게 되었다. 따라서 그 부재의 중심에 천황의 사진이 있으면 사진은 실제의 천황과 똑같은 기능을 하게 된다. 이제 더 이상 천황 자신이 보이는 권력으로서 그 장소에 실제로 나타날 필요는 없어진 것이다.

민중에게 사진이 천황의 대리물로 될 수 있었던 것은 이것을

---

80) 1882년에 발생한 자유민권운동 탄압사건. 후쿠시마현령(福島県令) 미지마 미치츠네(三島通庸, 1835~1888)가 토목공사의 강행에 저항하는 카노 히로나카 등 자유당원을 내란죄 명목으로 체포하였다.

81) 1883년에 발생한 자유민권운동 탄압사건. 니이가타현(新潟県) 타카다의 자유당원 아카이 카게아키 등을 대신(大臣) 암살과 내란음모의 명목으로 체포하였다.

82) 1884년에 발생한 자유민권운동의 격화사건. 코노 히로나카 등의 자유당 좌파가 정부요인의 암살을 계획하였다가 발각되자 이어서 이바라기현(茨城県)의 카바산에서 봉기하였지만 며칠 만에 진압되었다.

83) 1885년에 오이 켄타로 등의 자유당 좌파가 조선의 내정개혁을 시도한 사건. 일본의 입헌정체를 촉진시키기 위해 우선 조선에 독립당 정권을 수립하려고 하였다가 사전에 발각되어 11월 23일 오사카에서 139명이 체포되었다.

보는 시선이 순행에 의해 준비되어 있었기 때문이다. 순행에 의한 민중의 시선집중이 천황에 대한 신성함의 본질을 만들어냈다고 한다면, 이 신성함이 그대로 사진으로 이행한다 해도 이상할 것은 없다. '어진영'의 경우도 민중은 이것을 보는 행사를 스스로 만들어냈는데, 이는 순행에서 행렬을 볼 때의 경험과 동일하다.

천황 실체에서 천황 사진으로의 변화는 사회가 질적 변화를 일으켰음을 의미한다. 물론 오늘날과 같은 수준은 아니지만 사진의 복제기술이 기능하기 시작하였다는 것, 사회가 정보 공간화되기 시작하였다는 것 등을 생각할 수 있다. 이러한 것은 순행에 대한 저널리즘의 비판에서도 나타났다. 그것은 이제 정보전달의 수단이 발달한 시대가 되지 않았는가라는 지극히 정당한 비판이었다.

천황이 민중을 보다

하지만 매우 흥미로운 것은 메이지의 순행이 16세기 서양의 순행과는 완전히 역방향으로 전개되었다는 점이다. 순행의 세세한 프로그램은 16세기 서양의 순행처럼 의례적儀礼的인 장식들을 요란하게 꾸미고 이를 통해 권력의 의미를 상징화하는 것이 아니었다. 그 세세한 부분은 천황에 의한 '시찰天覽'로 완성되었다.

천황은 자신을 상대에게 보이는 행사를 실행하면서 어느 사이엔가 천황 쪽이 상대를 보기 시작하였다. 즉 천황은 구체적인 시찰에서 무언가를 보려 하고, 민중은 천황이 무언가를 봐주기를 바라는 것이다. 민중은 학교나 병원과 같은 시설이든 개천에서 잉어를 잡는 모습이든 '시찰'의 대상이 되기를 원했다. 한편으로 이것은 민의民意를 수렴하는 유효한 방법이었다.

1876년 토호쿠 순행을 예로 들어보자. 천황은 학교·병원·공장·광산·개간지 등을 실제로 방문하였다. 천황측은 각 현의 농민과 사족의 생활상황, 학교에 관련된 사안과 식산흥업에 관해 질문하고, 각 현의 현령 또는 책임자가 이에 대해 답변하였다. 답변자의 공손한 어투 속에는 의외일 정도로 솔직하게 '평소 우려하는 바의 내용들'(福島県参事 山吉盛典)이 포함되어 있기도 하였다. 이것을 실제로 천황 및 그 정부가 어떻게 받아들였는지는 알 수 없지만, 이중에는 후쿠시마현福島県의 참사参事 야마요시山吉의 상주上奏처럼 당시 토호쿠지방 농민의 궁핍한 사정을 생생하게 설명한 것도 있었다. 이렇듯 모든 현이 그저 순행을 축하하는 수사적 언어만을 천황에게 바치는 데 그친 것은 아니었다.

카나이 유키야스金井之恭(1833~1907)가 1876년 토호쿠 순행의 공식기록인 『동순록東巡録』을 편집할 때, "이제 천황은 친히 산천을 거닐고 풍속을 관찰하며 관리들의 다스림을 생각하신다. 이전과 달리 그 예礼도 많이 구비되었다. 따라서 순행을 기술하는 것도 그 내용을 바꾸어야 한다"면서, 종래의 단순한 '일기'와는 전혀 다른 집필방식을 사용했던 것은 매우 흥미롭다. 그는 무엇인가 변하였기 때문에 이에 대한 서술도 바뀌어야 한다고 생각한 것이다. 이리하여 『동순록』은 단순히 천황 자신이 이동해 간 여행의 기록이 아니라 천황이 본 것들의 기록이 되었다.

천황과 민중의 정치적 관계 변화

『동순록』의 구성은 천황이 통과한 현의 개요, 현령의 답변, 천황이 본 각종 시설에 대한 해설로 되어 있다. 이러한 분류는 무엇을 의미하는가. 천황이 보는 것만으로 끝나는 것이 아니라, 보이는 측이 새롭게 보이는 것을 선택해 두어야 한다. 세계는 보이기 전에 정리되고 이것들은 가치를 부여하는 좌표에 따라 배치되기 시작한다. 말하자면 세계는 '보이기' 위한 대상에 의해서 질서정연하게 된다.

카나이 유키야스가 깨달은 것은 '천황이 보는 것'에서 발생하는 이 세계의 객체화이다. 현령의 답변은 여전히 미사여구로 가득 찬 내용들이긴 하지만, 그 나름대로 민중의 생활, 교육조직, 농업을 비롯한 각종 산업 등이 잘 진행되고 있는지의 여부를 보고하였다. 한편으로는 군은君恩을 베풀고, 다른 한편으로는 세계의 객체화와 질서 세우기라는 형태로 '정치'가 기능하기 시작한 것이다. 『동순록』의 편자 카나이 유키야스는 마치 지리서를 적는 듯한 서술방식으로 순행의 기록을 정리했는데, 이때 명승지는 책의 부록으로 수록되는 데 그쳤다. 지방을 보는 카나이 유키야스의 시선, 또는 순행 그 자체의 시선은 의외로 기능적 효율이 중심이었던 것이다.

권력 또는 정치가 새로운 기술에 의해 형성되기 시작하였다. 이것은 권력이 자신을 보여주는 것만이 아니라, 사회를 다양한 기능으로 구성된 장치라고 생각하고 그 장치의 효과를 보기 위해 움직이기 시작하였다. 이 장치는 근대화, 즉 부국강병을 위해서는 불가결한 조건이었다.

사소하긴 하지만 1876년 토호쿠 순행 당시, 천황이 직접 현령에게 질문을 하는 것이 아니라 옆에 대기하고 있는 이와쿠라 토모미를 통해 이뤄진 것은 구습의 흔적이라기보다 '보는 것'을 행사로 만드는 징조가 아니었을까. 천황은 의례적儀礼的 존재이지만 이제는 천황 쪽에서 보는 것이 '특별한 행사'로 변한 것이다.

'권력'이라는 친숙한 정치용어 대신에 '시선' 또는 시각적인 장치라는 구체적인 개념을 사용해보면, 언어로는 파악하기 힘든 정치적 관계의 변화를 구조의 변화로 제시할 수 있게 된다. 천황과 민중의 시각적 관계에 변화가 나타난 것이다. 천황은(여전히 보이는 것은 그만두지 않은 채) 이제 보는 측—지배기구—의 상징이 되었다. 하지만 이것은 민중을 대상화하는 것만은 아니었다. 보는 측도 동시에 근대화되는 것이었다. 이것은 메이지 전반부에 천황제국가의 진전이 이뤄지면 이루어질수록 천황제 자체가 침해당하는 근본적인 모순이었다.

일본의 국토인식 변화

이러한 의미에서의 객체화는 일본이라는 국가공간의 전체에 대해서도 발생하였다. 토쿄에서 출발하여 토쿄로 돌아오는 순행의 타원형 궤적은 메이지 10년대까지 조금씩 일본열도 전체로 확대되어간 것이다.

과거의 번藩은 행정구분이라기보다 민중 생활권의 한계를 나타냈던 것으로, 경계는 엄중한 세키쇼関所에 의해 차단되어 통행이 자유롭지 못했다. 메이지유신 이후 폐번치현도 아직 실시되지 않은 1869년 1월에 무엇보다도 먼저 세키쇼가 폐지됨으로서 명목적으로나마 국토는 일체화된 공간이 되었지만, 사람들의 심적인 지리공간이 그처럼 쉽게 변할 리는 없었다. 사람들의 세계는 거의 자신의 토지에 한정되어 있었다. 과거에는 이러한 심정적이고 경험적인 공간이 일본열도를 세세하게 분할하고 있었다. 10년 이상 실시된 순행정책은 이를 통해 객체화된 지리적 공간에서 일본의 국토전체를 통일적으로 파악하는 인식을 자연스레 초래하였다.

이러한 인식은 훗날 시가 시게타카志賀重昂(1863~1927)[84]가 『일본풍경론』(1894년)에서 국토 전체를 지리공간으로 인식하는 방법의 전제가 되었다고도 볼 수 있다. 이러한 국토 전체에 대한 공간인식의 변화는 의식적이고 정책적인 정치적 역사의 그늘에 의해서만 움직이지는 않았다. 그러나 그 무의식에서 형성된 공간이 어느 사이엔가 타성적으로 지배하고 있는 공간으로 바뀌어서 새로운 정치적 공간으로 역사에 나타났다고 해도 전혀 이상하지 않았다.

시가 시게타카의 『일본풍경론』은 메이지 시기의 최대 지리서라고 일컬어지는데, 이것은 자연과학적인 공간 파악의 방법에 입각하여 민중이 전통적으로 경험해 온 공간을 거대한 시야 속에서 통합하였다. 그러나 이렇듯 객관적인 공간이 정치와 무관하지 않았음은 시가 시게타카의 정치적 행동이 식민지 정책을 주장하고 제국주의적 세계관과 연결되는 인식을 지니고 있었다는 점을 생각해보면 알 수 있다.

---

84) 1888년에 미야케 세츠레이(三宅雪嶺, 1860~1945) 등과 함께 잡지 『니혼진(日本人)』을 창간하여 국수주의를 주장한 지리학자.

2. 니시키에(綿絵)의 슈퍼스타

니시키에의 특징

본래 니시키에를 만들어내는 감성은 민중의 전통적 공간체험에 기인한다. 제1장에서 언급했듯이 니시키에를 말하는 것은 민중을 말하는 것이 된다. 니시키에의 구조는 사건을 하나의 모노가타리로 완성하긴 해도 객관적인 의미나 진실을 그리는 것은 아니다. 니시키에의 세계는 모든 것이 인간적인 감정이나 욕망에 의해 지배된다. 니시키에에서는 풍경도 초월적인 존재의 상징이 아니라 세속적인 것으로 된다. 니시키에의 공간은 세상 사람들이 신체적으로 뒤섞이는 감각적인 경험의 세계로부터 만들어진다.

이것이 다른 문화권의 예술에서는 볼 수 없는 미적 방법, 평면성과 선에 의한 독특한 표현형식을 만들어냈다는 점은 사실이지만, 그런 만큼 니시키에에서는 그리기 어려운 대상도 있었다. 미인도나 배우 그림^{役者絵85)}은 니시키에의 단골 주제였고 풍경 또한 주된 장르였다. 메이지 시기의 니시키에도 주제는 바뀌었지만 이것들을 그렸던 당시의 스타일은 유지하였다. 아니 그렇다기보다 니시키에의 본질은 이 스타일에 있었다.

그러나 메이지 시기에 들어서 니시키에는 싫든 좋든 문명개

---

85) 우키요에 판화 중 한 장르 한 명 또는 두세 명의 가부키 배우를 그린 것으로, 무대 모습을 그린 것과 평소 모습을 그린 것이 있다.

화와 관련된 새로운 사안들을 그리지 않으면 안 되었다. 외면적이고 사회적인 사건은 니시키에에서 본래 익숙하지 않은 영역이었다. 외면적인 시선을 구성하는 '객관적'인 공간은 공간적으로나 수법면에서 니시키에에게는 낯선 것이었다. 니시키에의 전통적 공간은 막말에서 메이지 초기에 걸쳐 이질적인 공간과 맞닥뜨리고 있었다. 니시키에는 자신의 방법으로는 다루기 힘든 세계에 둘러싸이게 된 것이다.

게다가 니시키에는 에도시대 말기에 지역의 니시키에 도매상을 통해 민중 사이로 널리 유포되었던 값싼 시각적 매체였기 때문에, 사람들의 이목을 집중시키는 쿠로부네黑船의 내항을 비롯한 사건들이 발생한 막말에는 세상에서 일어나고 있는 사건을 알고 싶어하는 민중의 요망에 답하지 않을 수 없었다.

인간은 언제나 적절한 방법으로 필요한 것을 표현해왔다고 할 수는 없다. 니시키에는 막말부터 메이지유신에 걸쳐 발생한 사회적인 사건에는 적절하지 않은 미적 형식으로 새로운 사물의 세계를 소재로 삼았다. 니시키에는 저널리즘의 역할을 담당하게 된 것이다(물론 현재의 입장에서 보면 그 어긋남이 니시키에의 매력이라는 점을 전제로 한다).

문명개화를 그린 수많은 니시키에

메이지 시기에 들어서자 아카에赤絵라고 불리는 현격하게 질이 떨어진 니시키에가 만들어졌다. 이는 니시키에업계 자체가 미적 형식(스타일)과 내용 사이의 간격을 어렴풋하게나마 느끼고 있었기 때문에, 지나치게 자극적인 색을 사용함으로써 그 욕구

불만을 해소하려고 했던 것일 수도 있다. 니시키에의 저널리즘적 기능에 대한 시대적 요구는 점점 커져서 메이지에 들어서서는 질이 떨어져도 인쇄수가 계속 증가하였다. 이 정도로 새로운 시대는 시각적으로 숨 가쁘게 변화하였고 사람들의 시각적 정보에 대한 요구도 강하였다.

이미 언급한 바와 같이 니시키에의 이미지는 그 시대를 살아가는 민중의 정치적 경험을 일정한 형태로 나타내고, 이와 동시에 그 스타일은 민중이 세계를 감지하는 방법을 대표한다. 민중은 아직 새로운 언어를 찾지 못한 채 과거의 전통적인 언어로 새로운 시대를 이해하려고 했던 것이다. 니시키에에 그려진 메이지유신과 문명개화의 광경은 에도江戸의 언어로 표현된 메이지였다. 물론 느리기는 해지만 민중의 감각도 변화하여 거의 청일전쟁을 전후해서는 더 이상 니시키에의 낡은 시각언어에 만족할 수 없게 된다. 실은 이때 민중은 그동안 의존해왔던 신체적으로 든든한 심적 기반을 상실하면서 민중의 독자적인 상상력을 잃어버리게 된다.

히구치 히로시樋口弘 씨에 따르면, 메이지의 최초 30년간에 출판된 니시키에의 수량은 에도시대 200년간 출판된 모든 우키요에의 수량에 필적한다고 한다. 철도가 만들어지고 서양식 건축이 세워지는 문명개화의 여러 양상, 혼잡한 틈을 타 발생한 사회적 사건이나 우스꽝스러운 풍속, 국내외의 전쟁 등과 같은 역사적인 사건들이 시시각각 그림으로 그려졌다. 니시키에에 의해서 민중은 자신들이 살고 있는 세계를 눈으로 볼 수 있는 것으로 만들었고, 어떤 의미에서는 이러한 그림을 통해 세계를 지각하였던 것이다.

문명개화의 사회양상이 니시키에가 그려낸 것처럼 정말로 그러했는지는 문제가 아니다. 니시키에를 통해 문명개화는 지각되었던 것이다. 오늘날에 보면 니시키에의 이미지는 어떤 의미에서는 어떤 것을 그려도 동일하게 보지만, 이것은 대상보다도 오히려 서글프거나 유머러스하기도 하고 정력적이거나 비속적이기도 한 민중의 느낌방식, 즉 민중과 세계의 감각적 접촉양상에 대해 말하고 있다. 이러한 접촉을 넓은 의미에서 시각이라고 말해도 괜찮을 것이다. 천황이나 궁정의 행사도 이러한 시각에 포착된 사건 중 하나였다. 니시키에는 천황도 문명개화의 사건으로 보았던 것이다. 니시키에의 도상図像은 민중이 어떻게 천황을 보고 있었는지 보여주는 것이고, 이는 또한 천황이 사회에 모습을 드러내는 방식도 보여준다.

민중과 천황의 관계는 니시키에가 천황을 어떻게 표현했는지를 통해 암묵적으로 알 수가 있다. 이제 천황과 민중의 정치적 지배관계를 니시키에에 적용하는 것이 아니라 니시키에의 표현방법 속에서 그 관계를 찾아보도록 하자.

니시키에에 출현한 천황

이미 언급한 대로 메이지 초기의 니시키에는 천황을 직접 그리지 않았다. 1868년 동행東幸을 그린 니시키에는 풍경을 배경으로 봉련이 토카이도東海道를 지나가는 모습만을 그렸다.

그러나 메이지 초기의 정치적인 과정을 거치면서 천황은 자신의 신체를 사람들 앞에 드러내게 되었고, 이에 따라 메이지 10년

토네가와(利根川)에서의 잉어잡이 견학

대를 전후하여 니시키에에도 천황이 표현되었다. 가장 빠른 것은 토호쿠 순행을 그린 니시키에일 것이다. 예를 들어 토호쿠 순행 당시 천황은 황거皇居를 출발한 지 이틀 뒤에 토네가와利根川[86)를 건넜는데, 이때 토네가와를 건너면서 이 지방의 명물인 잉어잡이 를 구경하였다. 이 광경은 곧바로 니시키에의 소재가 되었다.

『오우 순행 명세일지奧羽御巡幸明細日誌』는 천황이 부근의 숙박소로 부터 강변까지 걸어가 나룻배를 타고 강을 건너면서 잉어잡이 를 구경했다고 적고 있지만, 이러한 내용과 달리 니시키에는 지

---

86) 군마현(群馬県) 북부 끝에서 시작하여 칸토평야(関東平野)를 가로질러 흐르
    는 강.

붕이 있는 놀잇배의 모양 등이 그려져 있다. 따라서 이 니시키에에는 본래의 이야기를 바탕으로 하면서도 화가 나름대로 상상하여 그린 것임을 쉽게 알 수 있다. 이 니시키에에는 강을 건너는 배 안에 한 사람만 의자에 앉아있는데, 이는 누가 보더라도 천황임을 알 수 있다. 여기에서 천황은 배 모양의 모자를 쓰고 수염도 없는 젊디젊은 모습을 하고 있다. 이렇듯 '보면 알 수 있도록' 천황을 그리는 것은 니시키에의 수법 중 하나이다.

천황임을 밝히지 않는 수법

역사적인 주제를 그린 니시키에 중에는 등장하는 인물에 이름을 적어 놓은 경우가 많다. 하지만 천황의 이름을 적지 않는 것이 관습이었다. 『황자탄생 그림^{皇子御誕生之図}』(一競斎芳景, 1879년)를 보더라도, 같이 있는 신하나 여관(女官)들의 이름은 적혀 있지만 천황의 이름은 적혀 있지 않다. 가장 극단적으로는 분명히 메이지천황임을 알 수 있는 초상의 경우에도 천황이라고 표시하지 않는 사례도 있다. 1882년에 우키요에 화가 바이도 쿠니마사^{梅堂国政}(1848~1920)[87]가 그린 천황의 초상이 출판되었다. 이것은 나중에 자세히 분석할 천황의 사진(1873년 촬영)을 바탕으로 하여 그린 것이다. 하지만 이 초상화에는 천황이라는 단어가 전혀 사

---

87) 우타가와 쿠니마사(歌川国政) 3세를 말한다. '바이도(梅堂)'는 그의 호이다. 어렸을 때 우타가와 쿠니사다(歌川国貞, 三代豊国, 1786~1864)의 문하생이 되었다가 쿠니사다가 죽은 뒤 니다이 쿠니사다(二代国貞, 나중에 四代豊国)에게 배웠다. 처음에는 욘다이 쿠니사다(四代国政)라는 이름을 사용하였지만, 1889년부터는 산다이 쿠니사다(三代国貞)라는 이름을 사용하였다. 주된 활동 시기는 메이지 20년대까지이고, 주로 배우 그림 및 개화기를 제재로 삼은 그림이 많다.

용되지 않고 그저 『황국 귀족 그림^{皇国貴顕之像}』이라고 적혀있을 뿐이다.

니시키에에는 천황을 천황이라고 밝히지 않는다는 원칙이 있었던 것 같다. 하지만 천황임을 알 수 있도록 그렸기 때문에 오히려 천황을 다른 인물과 구별하여 특별한 존재로 보이게 만들었다. 천황을 표현하는 이러한 방식은 이 시대의 민중이 천황에게 품고 있는 경외감과 그럼에도 불구하고 알고 싶다는 호기심을 암암리에 표현한다.

바이도 쿠니마사가 그린 니시키에의 바탕이 된 사진도 전해인 1881년에 쿠와타 쇼자부로^{桑田正三郎}(1855~1932)에 의해 출판되었는데, 여기에도 천황의 초상임이 명백하지만 『대일본제국 고귀 초상^{大日本帝国高貴肖像}』이라고만 적혀있다. 이러한 초상사진의 경우는 뒤에서 언급하는 바와 같이 검열이나 발매금지의 대상임에도 불구하고 왜 천황이라고 밝히지 않으면 문제시되지 않았던 것은 왜일까. 사진의 경우는 니시키에와 다소 다른 점이 있을지도 모르지만 분명히 서로 연관되어 있다. 초상사진의 경우도 명백히 알아 볼 수 있지만 글로 표현하지 않는 한 천황의 분신이 되지 않는다는 해석이 있었다고도 생각해볼 수 있다. 이것을 관료적인 형식주의라고 단언할 수는 없다. 흔히 초상은 닮은 대상을 나타낸다고 생각되지만, 사회적 이미지로서는 오히려 이것이라고 언어로 밝히고 제시하지 않으면 동일성이 확보되지 않는다는 견해도 있다. 이 경우도 이러한 견해처럼 생각되었을지 모른다. 사진의 유사성 등이 전혀 문제시되지 않았던 것은 사실이다. 결국 이것은 천황을 천황이라고 말하지 않으면서도 특별한 존재로 제시하는, 즉 이중적으로 차이를 만드는 방법이었다.

천황은 사건과 함께 있다

니시키에가 천황을 그리는 또 하나의 수법은 천황만을 그리기보다 천황을 포함한 장면 전체를 그리는 것이다. 이것은 메이지 초기부터의 관습이다. 니시키에에서 천황은 어떠한 사건 안에서밖에 출현하지 않는다. 여기에는 '천황의 일가'도 포함된다. 천황이 장면의 주역일 경우에는 화폭의 중심을 차지한다. 예를 들어 『내국권업박람회 개장식 그림內国勧業博覧会開場御式之図』(橋本直義, 1877년)에서는 천황이 황후와 함께 옥좌에 서있고, 그 앞에서 오쿠보 토시미치가 축사를 읽고 있는 모습이 장면의 중심을 이루고 있다. 그러나 1886년에 마침 일본을 방문중이던 이탈리아인 키아리니Chiarini의 곡마단88)을 천황이 후키아게교엔吹上御苑89)으로 초청하여 관람하는 모습을 그린 『키아리니곡마단 유람 그림チャリネ大曲馬御遊覧之図』(楊州周延, 1886년)은 화면이 둘로 나뉘어 한 쪽은 곡마단, 다른 한 쪽은 관람하는 천황이 차지하고 있다. 천황은 특별히 마련된 관객석에서 곡마단원들의 곡예를 보고 있다.

---

88) 1886년에 일본을 방문한 서양 곡마단으로 일본에서는 챠리네(チャリネ)라 불렸다. 당시 코끼리나 호랑이 등의 곡예를 선보이면서 대대적인 화제를 불러일으켰다. 이후 각지에서 '일본 챠리네'라 칭하는 곡마단이 등장할 정도로 서양곡마의 대표명사가 되었다. 1889년에 다시 일본에서 공연을 하였다.

89) 황거(皇居)의 내부에 있는 정원. 에도 중기에는 정원을 관리하는 후키아게부교(吹上奉行)를 두기도 하였다.

『내국권업박람회 개장식 그림(内国勧業博覧会開場御式之図)』, 橋本直義, 1877년

『키아리니 곡마단 유람 그림(チャリネ大曲馬御遊覧之図)』, 楊州周延, 1886년

앞의 그림에서는 천황이 사람들의 시선을 집중시키는 중심이지만, 뒤의 그림에서 천황은 보이는 중심이 아니라 사건을 완성시키는 시각을 대표한다. 물론 니시키에 화가는 이런 것을 생각하지도 않았겠지만, 천황이 등장하는 니시키에는 천황 자신이 '보이는 것'과 천황이 '보는 것'이라는 두 가지 시각적 관계를 각각 나누어 표현하고 있었던 것이다.

이러한 관계는 열병식을 그린 니시키에에서 가장 극명하게 드러난다. 천황은 병사에게 자신을 과시하는 것처럼 하면서도 실제로 보이는 것은 병사 쪽이다. 병사는 천황의 시선에 종속된 객체인 것이다.

천황은 슈퍼스타

어느 쪽이든지 니시키에는 천황이 포함된 사건을 하나의 특별한 행사로 만들어 버렸다. 천황이 존재하면 사소한 것이라도 의미가 있는 것처럼 보였다. 이는 언제나 장면을 화려하게 만드는 슈퍼스타가 출현했음을 의미한다. 이것은 민중이 실제로 천황을 볼 때 가지고 있었던 외경심과 질적으로 달랐다.

니시키에가 흥미로운 것은 어떠한 경우라도 세속을 벗어나지 않는다는 점이다. 니시키에로 그려지는 한 천황은 어디까지나 위압적인 존재가 될 수는 없었다. 순행시대의 시각적 매체라고도 말할 수 있는 니시키에는 신성함이나 위엄과는 거리가 멀었다. 니시키에에는 비판정신은 없었지만 이런 점에서 니시키에는 항상 민중의 에너지와 관련된다.

이러한 니시키에의 밝은 측면 때문인지 모르겠으나 정부는 니시키에가 천황을 그리는 것을 특별히 문제 삼지 않았다. 이것은 원래 니시키에의 얼굴 표현이 유형화되어 있어서 실물과 똑같이 그리지 않았기 때문일지도 모른다. 하지만 그렇다고 하더라도 니시키에는 천황을 어렸을 때는 어리게, 장년이 되면 또 그에 어울리게 그렸다. 처음에는 수염이 없었으나 1877년부터 1879년 사이에는 수염이 그려졌다. 메이지정부가 막부시대보다 니시키에에 관대했던 이유 중 하나는 어차피 상상적이라는 점 때문일 것이다. 1875년 9월에 막부시대의 검열제도를 개정하여 발행일, 화가, 출판인 등을 적어서 내무성에 제출하도록 하는 사후검열로 만들었다.

니시키에가 천황을 그려도 문제시되지 않았다고는 하지만 이것은 암묵적인 것이었다. 왜냐하면 1889년이 되어서야 궁내대신이 경시총감 및 지방장관들에게 니시키에의 판매를 허락한다는 내용의 통달通達을 새삼스럽게 비공식적으로 내리고 있기 때문이다. 이때에도 "어사진御写真의 복사판매를 절대로 허가해서는 안된다"고 덧붙이는 것을 잊지 않고 있다. 이 '어사진'이라는 것은 보통 '어진영'이라 불리는 천황의 초상사진이다. 정부가 단속한 것은 초상사진이었다. 초상사진은 피사체와 동일시되기 쉽기 때문이었을까.

이상한 일이지만, 권력은 처음엔 자신을 내보임으로써 성립하려고 하면서도 이와 동시에 보이는 것을 경계했다고도 생각된다. 민중이 직접 천황을 보는 것에는 처음부터 뭐라 할 수 없는 두려움이 늘 따라다녔고, 마침내 민중의 두려움이 더욱 강화된 것도 보이는 측(권력)의 경계심이 반영된 것이었을지도 모른다.

3. 초상의 독점 관리

화폐에 초상을 새기지 않다

메이지정부는 천황의 초상이 사회로 유출되는 것을 신경질적일 정도로 단속하였다. 이것이 처음으로 드러난 특징적 사안은 화폐의 경우이다. 메이지정부는 화폐에 천황의 초상을 마지막까지 새기지 못하게 하였다. 애초 메이지 초기의 정부는 천황의 초상을 취급하는 방법을 자발적으로 검토할 만한 여유가 없었을 뿐만 아니라 별 문제도 없었다.

문제는 당시 오사카에 있었던 조폐료造幣寮의 고용외국인 킨들 Thomas William Kindle(1816~?)90)이 제기하였다. 원래 홍콩 조폐국장이었던 킨들은 1870년에 일본에 와서 일본 조폐국의 기초를 마련하는 데 공적이 큰 조폐수장이다. 그는 1872년에 화폐를 다시 만들 때 천황의 초상을 새겨넣을 것을 건의하였다. 서구의 화폐에 왕의 초상을 새겨 넣는 것은 고대 그리스 이래의 통상적인 관습이었으므로 킨들의 건의는 당연한 것이었다.

『조폐국백년사造幣国百年史』에 따르면 킨들의 건의는 대강 다음과 같은 것으로, 일본이나 천황에 대한 선의로 가득찬 내용이었다.

> 세계 각국의 화폐에는 국왕의 초상을 새겨 넣는 것이 일반적입니다.

---

90) 영국의 육군소좌, 홍콩 조폐국장을 거친 뒤, 1870년부터 1875년까지 조폐료 수장을 역임하였다.

초상을 새겨 넣는 것은 군주가 국민을 인애(仁愛)한다는 것을 의미하므로, 국민이 군주에게 존경심을 갖게 되고 나아가 화폐를 존중하는 마음이 높아집니다. 일본의 화폐는 조각이 치밀하고 정교하지만 이러한 세계의 일반 도리와 달리 군(君)과 신(臣)이 서로 친밀하도록 하는 취지가 결여되어 있습니다. 미국에서도 일본의 새로운 화폐에 천황의 초상이 없는 점을 애석하게 생각하고 있으니, 이번에 천황의 초상을 사용할 수 있도록 허가해 주길 바랍니다.

이러한 건의를 받은 대장대보大蔵大輔 이노우에 카오루井上馨(1835~1915)[91]는 즉각 찬성하며 그 채용을 정부에 요청하였지만, 1872년 10월에 정원正院[92]에서 보기 좋게 거부당했다. 이노우에 카오루는 시부사와 에이치渋沢栄一(1840~1931)[93]와 함께 조폐권두造幣権頭 마에다 타카시前田孝에게 보낸 편지에서 "처음에는 정원의 회의에서 큰 호평을 받았지만 예기치 못한 궁중의 거부로 의견이 바뀌어" 부결된 상황을 전하면서 이에 대해 유감을 표하고 있다.

궁정 내의 반발

이노우에 카오루의 편지는 흥미 깊은 점을 말해준다. 천황의

---

91) 초슈번(長州藩) 출신의 정치가. 토막운동에 참가하여 유신 후에는 정부의 중심적 인물이 되었다. 외무대신 재임시 추진하였던 조약개정교섭은 이른바 로쿠메이칸(鹿鳴館)외교로 유명하다.

92) 1871년 이후 태정관직제의 최고관청. 1867년에 내각제 실시로 폐지되었다.

93) 일본 자본주의의 아버지라 부리는 실업가. 처음엔 막부에 종사했으나 유신이후 대장성에서 근무하였다. 1873년에 정부예산책정에 반대하며 이노우에 카오루와 함께 대장성을 사직한 후, 현재 미즈호은행(みずほ銀行)의 전신인 제일국립은행(第一国立銀行)의 행장으로 취임하였다. 이후 제지(製紙)·방적·보험·운수·철도 등 수많은 기업설립에 관여하였다.

초상을 화폐에 새기는 것을 거부한 이유는 신성한 천황이 민중의 더러운 손에 의해 다뤄지는 것이 황송하다는 궁정내부의 음침한 반발 때문이었다.

여기에는 금전은 더러운 것이라는 귀족적 발상이 작용하였다. 이것이 화폐에 대한 정당한 인식을 전혀 지니지 못한 중세적 왕조의 흔적이었는지, 또는 거의 신과도 필적할 만한 화폐의 엄청난 상징력에 대한 공포였는지, 아니면 전통의 권위를 파괴할 수밖에 없는 자본에 대한 적개심인지는 분명하지 않다. 아마도 이 모든 것이 연동하였음에 틀림없다. 궁정의 신하들이 화폐에 대해 정확히 인식할 수는 없었겠지만, 그들에게는 본능적으로 왕권과 대립하는 시민사회의 힘을 화폐에서 느끼고 두려워하는 마음이 있었을 것이다.

하지만 이 이상으로 확실한 것은 화폐의 초상이 민중의 손에 의해 다뤄지는 것에 대한 혐오감이 강했다는 점이다. 이 점은 궁중에서 온존되어 온 천황에 대한 감정을 뚜렷하게 보여주었다. 상징적인 우주관 속에서 배양되고 중세 왕조를 통해 유지되어 왔지만 명확히는 포착할 수 없었던 천황에 대한 감정을 총괄적으로 보여주는 것이 '성스러운' 천황이라는 표현이었다. 구래의 왕권을 지탱하는 이러한 감정 속에서 천황의 초상과 이것이 표현하고 있는 천황은 분리되지 않고 동일시되었다. 즉 초상은 손쉽게 천황 자신이 되기 때문에, 교환과정에서 이리저리 돌아다니면서 어떤 손에 닿을지 알 수 없는 화폐에 새겨 넣을 수 없다는 것이다.

이러한 감정은 궁중만이 지니고 있던 것은 아니다. 당초부터 메이지정부는 이러한 감정을 민중에게 퍼뜨려서 천황에 대한 은의(恩義)를 아직 전혀 느끼지 못하고 있는 민중을 설득하는 데 이용해왔다. 순행이라는 행사가 끝나갈 즈음이 되면 이러한 감정의 힘은 거의 메이지사회의 구석구석까지 퍼지게 되었다. 천황을 메이지국가 속에서 규정짓는 논리는 결국 이러한 감정에 바탕을 두고 있었다.

그러나 천황이 초상으로 되고 그 초상이 퍼져간 과정은 근대사회의 메커니즘과 불가분한 관계에 있다. 문명개화 이후 터무니없는 낡은 감정과 새로운 사회의 관계는 천황을 따라다녔다. 이 관계는 미묘하여 애매한 상태로 남겨두어야만 했다. 여기에서는 이에 대해 깊이 다루지 않겠지만, 화폐에 천황의 초상을 사용하자는 제안은 이렇듯 애매한 채 있었던 미묘함을 분해해 버리고, 한층 더 기능적 효율을 중심으로 하는 시대와 신화의 잔영이 정면으로 대립하게 만들었다.

킨들은 서구의 상식으로 군주의 초상을 화폐에 사용할 것을 제안하였다. 19세기의 서구에서 온 고위행정관에게는 이렇듯 당연한 것이 조정신하들의 가장 근저에 깔려 있던 뿌리 깊은 감정을 불러일으켜 버린 것이다.

초상사진의 독점관리

관점을 바꿔 보도록 하자. 여기에서 문제시된 것은 지극히 정신적인 문제처럼 보이지만, 모든 것은 초상을 다루는 기술을 둘러싸고 발생하였다. 화폐가 허용될 수 없는 것은 초상의 취급방식에 있어서 바람직하지 않기 때문이다. 어떤 사물의 취급방식이 그 사물에 의미를 부여하는 경우가 있고, 어떻게 취급하는지의 정도에 따라 사물의 경중이 발생하기도 한다.

극단적으로 말하면 대개의 사물은 그 자체에 의미가 내재한다기보다 사회나 어떤 특정한 문화적 집단 속에 존재하는 취급방식이라는 관습으로부터 의미가 부여되는 것이다. 그저 사진에 불과한 것이 마술적인 신성한 물건처럼 되는 것도 취급방식 여하에 달려 있다. 취급방식은 문화적 집단에 따라 다른 것이 보통이기 때문에 이렇듯 부여된 의미는 항상 상대적일 수밖에 없다.

다만 하나의 사회 내부에서라면 이것을 절대적 의미로서 통용시킬 수도 있다. 이를 위해서는 한 사진을 철저하게 독점관리하고 함부로 사용 못하도록 하는 금기를 만들어낼 수밖에 없다. 바꿔 말하면 천황의 초상사진에 절대적인 의미가 발생하는 것은 이것이 어떻게 취급되는지를 철저히 감시하는 것과 불가분한 관계에 있다.

이미 언급하였듯이, 메이지정부는 천황을 그린 니시키에에 대해서는 관대하였지만, 천황의 사진에 관해서는 무단촬영은 물론이고 사용 및 판매부터 소유에 이르기까지 허가하지 않는 방침을 시종일관 고수하였다. 다음 장에서 검토하고 있듯이 천황의 최초 사진은 1872년 우치다 쿠이치^{內田九一}(1844~1875)에 의해 촬영되었는데, '어명을 받은 사진가 우치다 쿠이치'가 1874년에 자신이 촬영한 천황의 사진을 판매하기 위해 필름의 하사를 토쿄부^{東京府}에 출원했을 때 정부는 이를 허가하지 않았다. 이를 계기로 토쿄부 지사 오쿠보 이치오^{大久保一翁}(1817~1888)[94]는 천황의 사진을 판매해서는 안 된다는 것과 이미 소유하고 있는 것도 즉시 가까운 관공소에 제출할 것을 포고하였다. 가지고 있으면 어떻게 취급될지 모른다고 생각했던 것이다. 이 당시에는 아직 '어진영'이 하사되는 시대처럼 그 취급방식이 제도화되어 있지 않았고, 머지않아 '어진영'이 지니게 되는 효과도 인식하지 못했던 것이다. 즉 1874년 즈음에는 이것을 팔아서 한몫 잡으려는 생각이 있을 정도로 허술한 상태였고, 이러한 방임상태가 실제로 천황을 촬영한 적이 있는 우치다 쿠이치의 신청에 의해 거꾸로 제동되는 결과가 되었던 것이다. 이러한 단속은 민중이 천황을 보는 태도를 정부가 어떻게 정착시키려고 했는지 보여준다.

유럽의 경우는 어떠한가

이러한 메이지정부의 단속과 유럽에서 군주의 사진을 취급하는 방식을 비교해보는 것도 흥미롭다. 1850년대에 프랑스에서 발명된 '명함판 사진icarte de visite'은 사진의 비용을 싸게 만들어서 대중의 수요에 호응하려던 것이었지만, 대량생산하는 복제기술의 진보는 그 이상으로 명함판 사진이 최초의 시각적 매스미디어가 되게 만들었다. 이것은 부르주아들이 시장에서 사들이며 수집하는 것이 되었고, 이러한 수집은 특히 19세기 후반 유럽의 중류계급 부인들 사이에서 유행이 되기도 하였다. 가장 많이 팔린 사진은 지명도가 높은 각국의 왕후王侯와 귀족, 그리고 연극

---

94) 막신(幕臣) 출신의 메이지 시기 정치가. 나가사키부교(長崎奉行)·교토마치부교(京都町奉行) 등을 역임한 개국론자로서, 보신전쟁(戊辰戦争)에서 카츠 카이슈(勝海舟, 1823~1899)와 함께 에도성의 무혈입성에 진력을 다함. 1872년에 제5대 도쿄부지사를 역임한 후 원로원의관이 되었다.

의 인기스타 등이었다.

　이러한 점에서는 천황을 그린 일본의 니시키에와 비슷한 입장에 사진이 있었다고도 말할 수 있다. 1870년대(메이지 초기)에는 사진이라는 미디어가 전성기를 구가하고 있었다. 그중에서도 인기가 있던 것은 각국의 황제와 그의 가족이었다. 빅토리아 여왕 Alexandrina Victoria(1819~1901)의 남편 앨버트 Albert(1819~1861) 전하가 사망했을 때에는 짧은 기간 동안에 수십만 부 팔렸다. 프랑스 황제 나폴레옹 3세 Charles Louis Napoleon Bonaparte(1808~1873)의 경우를 보더라도 알 수 있듯이, 이제 군주는 고귀한 존재 이상으로 자본주의의 추진자이자 대중사회의 스타적 존재가 되어 갔다. 사실 앨버트 전하나 나폴레옹 3세의 초상은 완전히 부르주아의 용모 그 자체였다.

　새로운 사회를 건설하면서 자연과 전통을 파괴해가던 부르주아는 오히려 역사나 전통을 강하게 인식하였는데, 이것은 잃어버린 것을 보완할 수 있는 것처럼 보였기 때문이다. 이렇듯 이미 화폐가 확실히 힘을 발휘하는 근대사회에서 군주의 초상사진이 다뤄졌던 것과 비교하면, 정말로 일본은 멀고도 먼 과거의 시간 속에 있는 것과도 마찬가지였다.

　빅토리아여왕의 예를 들면, 여왕부부는 사진이 발명되자 곧장 그때까지의 초상화를 모두 사진으로 교체하였다. 여왕은 입체경 stereoscope이나 몽타주 montage에 의한 '예술사진'에도 흥미를 보였다. 당시의 영국 사진가 로저 펜튼 Roger Fenton(1819~1869)95)이 주로

---

95) 영국 정부의 공식 사진가. 크리미아 전쟁(Crimean War, 1853~1856)에 파견되어 전쟁을 제일 먼저 광범위하게 사진으로 보도한 사람으로 알려져 있다.

왕실의 사진을 찍었다. 이러한 사진의 대다수는 공적인 성격이 아니라 여왕 일가의 사적인 오락이었다. 주로 한 사람 또는 단체 사진이 촬영되었는데, 때로는 그녀의 어린 왕자들을 모델로 삼아 당시 상류사회에서 유행하였던 우의사진寓意写真(신화 등의 이야기로 꾸민 장면을 연기하는 것)도 촬영되었다. 가끔씩 이러한 우의사진이 외부로 유출되어 버렸을 때 여왕은 대단히 화를 냈는데, 이것은 사적인 생활이 세상에 공개된 것에 대한 분노이지 성스러움에 흠집을 낸 것에 대한 반발은 아니었다. 당시 일본의 황실사진에는 이러한 사적 성격이 전혀 없었다.

정부는 천황의 초상이 함부로 촬영되지 않도록 하고, 맘대로 소유하지 못하게 하였으며, 판매도 허가하지 않았다. 하지만 천황의 초상에 대한 정부의 하사는 머지않아 정치적인 목적을 가지고 일본의 교육제도를 통해 구석구석까지 강제적으로 실시되었다. 그 취급방식은 의례儀礼를 주된 내용으로 하였고, 위반에 대해서는 강제적으로 단속하거나, 아니면 취급자가 믿기 힘들 정도의 책임을 지게 만들었다. 하사와 봉안奉安이라는 과정을 통해 한 장의 사진이 성스러운 존재로 바뀌어 갔던 것이다.

구미에서는 군주의 사진이라 할지라도 시장에서 상품으로 유통되고, 매입자는 이것들을 앨범에 수집하였다. 이렇듯 사회에서 군주의 사진이 소유되는 방식이나 유통되는 경로를 비교하면, 당시의 일본사회와 서구사회가 지니고 있는 정치적·경제적·문화적 구조의 차이를 알 수 있는 것이다.

제4장

'어진영(御眞影)'의 탄생

1. 사진을 처음 찍었을 때

최초의 초상사진

제1장에서 언급했듯이 천황이 요코스카조선소에서 기념사진을 찍은 다음해인 1872년에 천황은 전통의상을 입고 초상사진을 촬영하였고, 이듬해에는 양장을 입은 초상사진을 촬영하였다. 이렇듯 2년 연속 초상을 촬영한 후, 무슨 이유인지 세상에 알려져 있는 초상의 제작은 적어도 1888년까지 오랫동안 이뤄지지 않았다.

천황은 왜 1872년과 1873년이라는 시기에 초상사진을 촬영했을까. 천황이 사진을 촬영했다 한들 그다지 이상할 것 없다거나, 이런 것은 전혀 논의할 가치가 없다고 생각될지도 모른다. 하지만 이것이 천황의 사진인 이상 '고작 사진'에 불과한 것이 아니다. 이 시기의 천황사진이 개인적인 재미나 기분으로 촬영되었을 리 없는 것이다.

이것은 이미 몇 번이고 언급했듯이 외부로부터 새로운 시대의 시선이 한 나라의 원수에게 도달했음을 의미한다. 이 시선은 근대가 만들어낸 것이고, 나아가 당시 이 시선은 히말라야든 태평양의 외로운 섬이든 세계 모든 공간을 정복하려고 하였다. 다소 과장되게 들릴지 모르지만, 사진이라는 시선의 확대는 서양 각국의 제국주의적 발전과 완전히 일치한다. 이제 세계는 그 구석구석까지 사진에 의해서 눈에 보이는 것이 되기 시작하였다. 미국의 평론가 수잔 손탁Susan Sontag 씨는 모든 것은 책으로 되기 위해 존재한다고 말한 스테판 말라르메Stephane Mallarme(1842~1892)96)의 표현을 빌려서, 모든 것은 사진이 되기 위해 존재한다고 말했다. 이러한 파도가 천황에게 마침내 당도한 것이다.

사진이 그 사람의 직접적인 복제품이라는 신앙은 일찍부터 있었다. 일본만이 아니었다. 초기 사진가들 중에서는 키타니와 츠쿠바北庭筑波(1842~1887)97)처럼 사진이라는 단어를 싫어하여 사

---

96) 19세기 프랑스의 상징파 계보에 속하는 대표적 시인. 1876년에 발표된 『목신(牧神)의 오후(L'Apr-midi d'un Faune)』는 그의 시작 완성을 이룩한 것으로 19세기 서정시의 걸작으로 평가된다.

97) 일본에서 상업사진의 원조라 불리는 시모오카 렌죠(下岡蓮杖, 1823~1914) 등에게 사진을 배워서 1871년부터 토쿄 아사쿠사(浅草)에 사진관을 열었다. 마그네시움발화법에 의한 야간촬영, 현미경을 이용한 곤충 정밀사진 등과 같이 진

용하지 않았을 정도로 사진은 실체를 그대로 그려낼 수 없다고 인식했던 사람도 있기는 했지만, 그럼에도 불구하고 사진은 분명히 뭔가 실재하는 것과의 접촉에서 직접 만들어진 이미지인 것도 사실이었다. 이로 인해 사진에 대한 주술적인 미신도 정치적인 경계심도 만들어졌다.

이미 언급했듯이 1872년과 1873년에 사진이 촬영된 후, 메이지정부는 천황의 초상에 대한 태도를 한층 강화하여 천황의 사진을 엄중히 단속하는 방침을 세웠다. 천황의 사진을 자유롭게 판매하는 것은 물론이고 소유하는 것조차 금지할 정도로 초상의 독점적 관리를 철저히 시행하였다. 실제로 당시의 신문에 따르면, 1875년에 천황의 사진을 복사하여 판매한 것 때문에 벌금형에 처한 사진가도 있었다.

니시키에 그려진 천황과 달리 천황의 사진은 초기에는 하사라는 경로로만 입수되어 볼 수 있었다. 이러한 단속정책이 마침내 '어진영'에 대한 의례로 발전한다. 그러나 천황을 처음 촬영할 당시의 지배층이 훗날 경축일에 실시된 '어진영' 예배의례나 신민교육까지 계획할 정도로 사진의 정치적 기능에 대한 명확한 의식을 이미 가지고 있었다고는 볼 수 없다. 그럼 천황의 사진은 실제 어떤 동기로 촬영되었을까.

기한 사진을 많이 촬영하여 당시의 신문이나 잡지에 자주 등장하였다. 마츠오 키노아키(松尾樹明)의 「키타니와 츠쿠바 잡고(北庭筑波雜考)」(『아사히카메라(ア サヒカメラ)』, 1931)에 따르면, 그는 그대로 옮긴다는 것이 불가능하다고 생각했기 때문에 '사진(写真)'이라는 단어 대신 '탈영(脱影)'이라는 단어를 사용했다고 한다.

대외적인 주권의 상징

우선 최초단계에서는 대외적으로 주권을 상징하는 국가원수의 초상이 필요하게 되었다고 추측된다.

그 직접적인 계기는 1872년 2월에 이와쿠라사절단 부사(副使) 오쿠보 토시미치와 이토 히로부미가 일단 귀국했을 때, 특명전권대사로서 미국에 있던 이와쿠라 토모미가 이를 수행하는 코마츠 세이지(小松濟治)(1847~1893)를 통해 궁내성에 천황의 사진을 요청한 것이라고 생각해볼 수도 있다. 물론 메이지 초기의 사진 보급상황에서 생각해보면, 당시의 궁내성에서 천황의 사진을 촬영하려는 계획을 세웠다고 해도 부자연스럽지는 않지만 그 확증은 없다.

하지만 이와쿠라 토모미의 요청이 있었을 당시, 궁내성에 아직 초상사진이 없었던 것은 사실이다. 오쿠보 토시미치 등이 미국으로 다시 돌아갈 때까지도 그랬다. 궁내성은 천황의 초상사진이 만들어지는 대로 외무성을 통해 보낸다는 약속을 할 수밖에 없었다. 『메이지천황기』에는 우치다 쿠이치가 천황을 촬영한 일자에 대한 언급은 없고 궁중으로 납입한 일자만 적혀있을 뿐이다. 그러나 과학사연구가 히가시노 스스무(東野進) 씨가 속한 모임(科学技術史資料研究所)은 우치다 쿠이치가 1872년 4월 12일과 13일 사이에 전통의상을 입은 천황을 촬영하였지만, 오쿠보 토시미치가 다시 미국으로 건너간 같은 해 5월까지 기일을 '맞추지 못한 것'은 오쿠보 토시미치 등이 근대국가의 원수답게 양장을 입은 사진을 원했기 때문이라는 결론을 각종 자료들을 통해 증명하고 있다. 히가시노 스스무 씨 등의 연구에 따르면 1872년 5월에 다

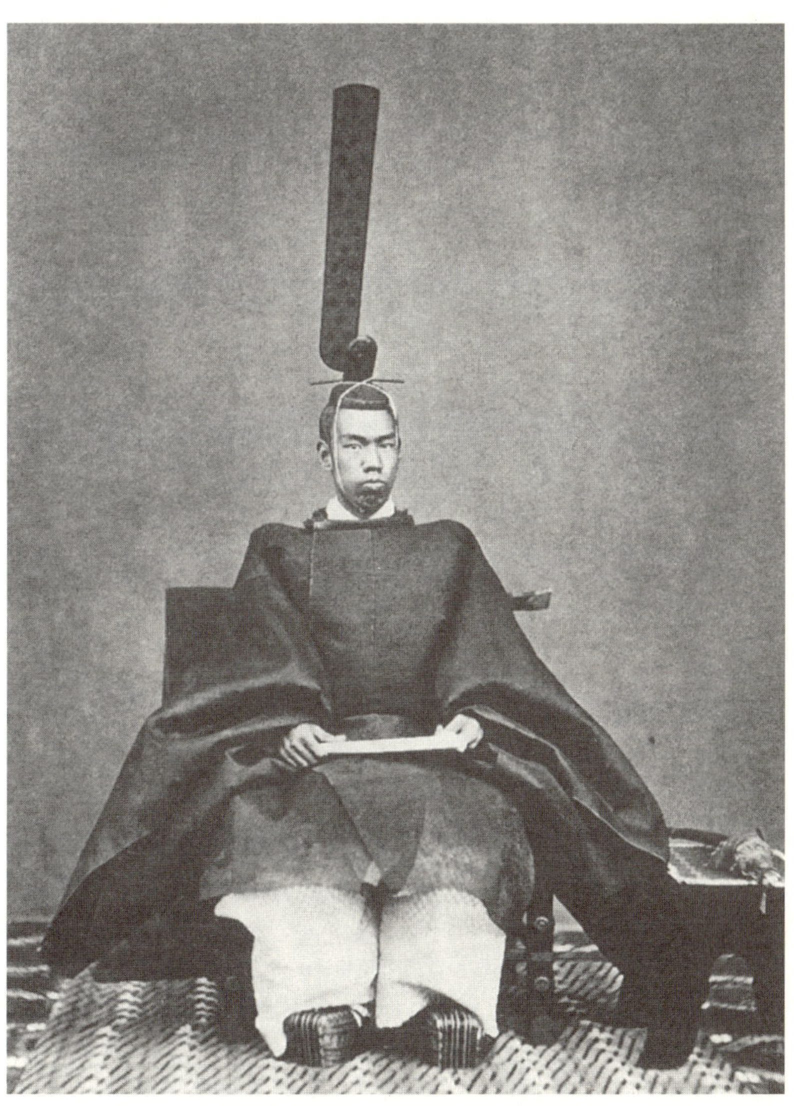

1872년에 우치다 쿠이치(内田九一)가 촬영한 천황

시 우치다 쿠이치가 양장을 입은 천황의 사진을 촬영하고, 6월에 완성하여 8월에 영국에 있던 이와쿠라 토모미에게 전했다고 한다. 이러한 사실은 최초의 천황사진이 독립국가의 원수상元首像을 보여주기 위해 필요했음을 보여주고 있다.

우치다 쿠이치의 촬영

1872년과 1873년의 사진은 당시 아사쿠사다이치浅草代地에서 서양식 건물로 된 사진관을 경영하고 있던 우치다 쿠이치가 촬영하였다. 나가사키 출신인 그는 네덜란드인 의사 폼페Pompe van Meer-dervoort, J. L. C.(1829~1908)[98]에게 화학을, 일본사진의 시조라 불리는 우에노 히코마上野彦馬(1838~1904)[99]에게 사진을 배워서 1860년 중반에 오사카에서 개업한 후, 지금도 남아있는 막부군의 훈련사진을 촬영하기도 하였다. 1869년에 오사카에서 에도로 돌아가는 토쿠가와 요시노부의 군함에 막부관료로서 동승하였던 그는 이후 토쿄로 사진관을 옮겨 1870년에 출판된 『토쿄제선생 고명방독

---

98) 근대적인 서구의학을 조직적으로 일본에 처음으로 도입하여 일본에서는 근대 서구의학의 아버지로 불린다. 폼페는 네덜란드의 위트레흐트(Utrecht) 대학에서 의학을 전공하였고, 졸업과 동시에 네덜란드해군 군의(軍医)가 된 후 네덜란드령 동인도를 거쳐 1857년에 일본의 해군전습소(海軍伝習所)에 속한 의학전습소(医学伝習所)에 파견되었다. 폼페는 5년간 일본에 머물면서 의학전습소에서 근대서구의학을 강의하였다. 의학전습소는 나가사키대학 의학부의 전신이다.

99) 막말기부터 메이지 시기를 거쳐 활약한 일본 최초의 사진가. 1858년부터 네덜란드인 군의 폼페가 운영하는 사밀시험소(舍密試驗所)에서 화학을 배웠다. 이때 습판사진술에 흥미를 가지게 되어 호리에 테츠지로(堀江鍬次郎, 1830~1865) 등과 함께 네덜란드 서적을 참고로 그 기술을 습득하여 1862년에는 고향인 나가사키에 '우에노히코마촬영국(上野彦馬撮影局)'을 개업하였다. 일본 최초의 사진관인 이곳에서 사카모토 료마(坂本龍馬, 1836~1867) 등과 같은 막말기의 유명인들이 초상사진을 촬영하였다.

안내東京諸先生高名方独案内』에 이름이 실릴 정도로 성공하였다.

우치다 쿠이치는 1872년에 천황과 황후, 그리고 날을 달리하여 황태후의 사진을 촬영하고, 9월에 총72장의 사진을 궁내성에 제출하였다. 이 당시의 천황사진은 두 종류이다. "하나는 소쿠타이(束帶) 차림이고, 또 하나는 노우시直衣 차림에 킨코지金巾子를 쓰고"『明治天皇紀』 일본식 의자에 앉아있다. 몸은 거의 정면을 향해 있고 수염이 없는 청년의 모습이다.

이듬해인 1873년에는 천황이 머리를 잘라 모습이 변했기 때문에 10월에 다시 우치다를 불러서 촬영하였다. 이번에는 같은 해 6월에 제정된 군복을 착용하고 서양식 의자에 걸터앉아 배 모양의 모자를 보조탁자에 올려놓고 있는데, 그 자세에는 몇 종류가 있다. 알려진 것에 한해서 살펴보면, 검을 지팡이처럼 양손으로 잡고 있는 것과 한 손으로 검을 쥐고 있는 것이 있다. 몸은 약간 옆으로 기울었지만 이것 역시 전신상이다. 이렇듯 2년 사이에 천황의 겉모습은 완전히 근대화되었지만, 천황이 젊은 청년으로 비춰지고 있다는 점은 변함이 없다.

정부는 1872년의 사진을 이와쿠라 사절단에게 전달하고, 이를 전후로 하는 시기에 모든 재외공관에 천황사진을 걸기로 결정하였다. 1872년 말에 이탈리아로 돌아가는 총영사 나카야마 죠지中山讓次에게 하사한 것이 그 최초의 예이다.

국가의 상징인 사진

1873년부터는 내방하는 외국인, 특히 황족이나 국가원수를 비롯한 재일외교관 등과의 교환이 실시되었다. 사진의 교환은

1873년에 우치다 쿠이치가 촬영한 천황

1873년에 우치다 쿠이치가 촬영한 황후

국가 간의 우호를 의미하고, 서로 평등하게 국가원수를 확인하
는 상징적 행위이기도 하였다. 이러한 일련의 사실로 보건대,
천황의 사진은 우선 독립국가임을 표시하는 상징으로 점차 인
식되었다고 할 수 있다. 적어도 사진에서는 천황자신이 실질적
인 정치적 기능보다 주권의 상징이라는 사실밖에 인식할 수 없
었던 것 또한 사실이다. 이렇듯 사진은 국가의 상징이라는 인식
이 국제적인 관계 속에서 처음 발생한 것은 당연한 일이다. 천
황이 실제로 가지 않는 이상, 어쩔 수 없이 이를 대신하는 것으
로써 사진은 없어서는 안 되었다.

　하지만 이러한 경험으로 인해 아마도 정부는 무의식적으로나
마 사진의 정치적 상징성 또는 대리물로서의 기능에 대해 자각
하게 되었을 것이다. 궁내성과 정부관계자들은 사진이 정치적
사회에서 복제된 기호로 수행되는 의미기능을 비교적 짧은 기
간 내에, 당시로서는 상당한 정도까지 학습하였던 것이다. 그래
서인지 궁정에서는 초상에 대한 관심이 급속도로 높아졌다.

　1874년에는 조약체결을 한 각국 원수들의 초상화를 궁중에 진
열하려는 방안이 제출되었다. 원수를 그린 초상의 집합체로 세
계를 표현하려던 것이다. 이탈리아에 주재하고 있던 나카야마
죠지가 그 제작의 임무를 맡았다. 그는 천황과 황후의 초상화도
함께 제작할 생각으로, 밀라노의 화가 우고리니 ^{Giuseppa Ugolini}(1826
~1897)[100]에게 1873년의 사진을 토대로 한 초상화를 부탁하였다.
우고리니는 우치다가 촬영한 전신상의 사진을 반신좌상半身座像으

---

100) 프로스페로 밍게티(Prospero Minghetti, 1786~1853)의 제자. 밀라노와 로마에서
　　초상화가이자 조각가로 활동하였다.

로 그렸다. 나카야마 쇼지는 1874년 10월에 이것을 가지고 귀국하여 천황에게 헌상하였다.

천황의 초상화를 이탈리아인이 그렸다는 이야기를 전해들은 서양화가 타카하시 유이치高橋由一(1828~1894)101)는 1874년 12월에 그것의 모사模写를 원했지만 이때에는 허락되지 않았다.

쿄토에 있는 니나가와蜷川 집안이 소장하고 있는 니나가와 노리타네蜷川式胤(1835~1882)102)의 유품 중에서 유화로 그려진 메이지 천황의 초상화가 1988년 초에 발견되어, 연구자들의 고증을 거쳐 같은 해 8월에 공표되었다. 소형 판지에 그려진 이 초상화의 뒷면에는 로마자로 'M. YOKOHAMA, 1872년'이라고 적혀 있다. 이것은 1872년에 오쿠보 토시미치 등의 요청에 대응했던 외무대록外務大録 니나가와 노리타네가 당시 최고의 화가이자 사진가였던 요코야마 마츠사부로横山松三郎(1838~1884)103)에게 부탁하여 만든 것임이 히가시노 스스무 씨를 비롯한 박물관 관계자들의 조사에 의해 밝혀졌다. 니나가와 노리타네는 우치다 쿠이치와

---

101) 일본에서 본격적으로 유화기법을 습득하여 최초의 서양화가로 평가받고 있다. 1866년 당시 요코하마에 있던 영국인 찰스 버그만(Charles Wirgman, 1832~1891)에게 유화기법을 배웠다. 대표작에 『연어(鮭)』(1877년경) 등이 있다. 참고로 찰스 버그만은 1862년에 요코하마 외국인 거주지에서 영국의 『PUNCH』지를 본뜬 『쟈판판치(JAPAN PUNCH, ジャパンパンチ)』를 창간하기도 하였다.

102) 막말에 쿄토에서 태어났으며 일본에서는 문화재 보호의 아버지로도 불린다. 주로 쿄토나 나라(奈良) 등에 있는 사찰과 진쟈(神社)를 찾아다니며 고미술을 조사하여 기록을 남겼으며, 그 중에서도 베일에 가려져 있던 정창원(正倉院)의 보물들을 밝혀낸 것으로 유명하다. 메이지정부의 문화재보호정책에 관여하기도 하였다.

103) 메이지 전기의 서양화가. 하코다테(函館)에서 러시아인 레만(Lehman)에게 서양화를 배웠다. 1873년에 토쿄 우에노(上野)에 서양화학원을 개설하고, 1876년에는 육군사관학교에서 석판화와 사진을 강의하였다.

메이지천황의 유화 초상

요코야마 마츠사부로 등을 이끌고 1872년 당시의 '어진영' 제작과 빈^{Wien} 만국박람회의 출품물들을 촬영하는 데 중심적 인물이었다고 한다. 오쿠보 토시미치 등은 양장을 입은 천황 사진 대신에 요코야마 마츠사부로가 그린 이 초상을 가지고 갔을지도 모른다고 추측되고 있다. 또한 이것은 당시 아직 수염이 없었던 천황에게 수염을 그리고 있는데, 이는 요코야마 마츠사부로의 모사능력에서 보면 지극히 사실성이 없다는 점 때문에, 이른바 이상적인 천황상으로서 그려진 것이라고 생각되고 있다. 이런 점에서는 훗날 1888년에 키오소네^{Edoardo Chiossone}(1833~1898)[104]가 그

---

104) 이탈리아 동판화가. 제노바시 아렌차노 출생. 제노바미술학교를 졸업한 뒤 1867년 파리만국박람회에 작품을 출품하여 은메달을 받았고, 1869년에 밀라노 아카데미 회원이 되었다. 동판기술을 지폐·공채증서 등의 인쇄에 응용하여 이탈리아 지폐를 제작하였다. 1875년에 일본 대장성(大藏省)의 지폐 조각사로 초빙되어 지폐와 우표 등의 제작에 종사하며 동판제작기술을 지도하였다.

린 초상화의 선구가 된다고도 할 수 있다. 니나가와 가문에는 요코야마 마츠사부로가 촬영한 사진의 원판이 다수 보관되어 있는데, 그 중에서 『메이지천황기』가 말 위의 당당한 모습이라고 적고 있는 입체경^{stereoscope}의 원판도 발견되었다.

순행과 '어진영'의 하사

한편, 이제 막 시작된 순행을 통해 마침내 천황 자신이 사람들 앞에 등장함으로써 국가를 일체화된 공간으로 만들어가는 것이 당면한 목표였던 국내에서도, 사진이 지니는 새로운 정치적 상징으로서의 역할은 소규모적으로나마 시작되고 있었다. 어떤 의미에서는 순행이 천황사진에 대한 요망, 바꿔 말하면 한층 더 상징적인 천황에 대한 기대를 자극했을지도 모른다.

사진의 하사에는 두 가지 형태가 있었다. 하나는 측근인 정치가나 고급관료에 대한 하사이다. 이렇듯 하사를 받는 특권에 의해서 천황과의 거리를 가늠할 수 있었다. 그러나 이보다도 중요한 의미를 지니는 것이 지방관청에 대한 하사이다. 이 하사의 시작은 1873년 6월에 나라현령^{奈良県令} 시조 타카토시^{四条隆平}(1841~1911)[105]가 궁내경^{宮內卿}에게 천황의 사진을 "하사받아, 신년과 천장절^{天長節}[106] 등과 같은 경축일에 관청에 내걸어서 현민^{県民}들이 참배하길 원했던 것"에 대한 허가였다. 이것이 '어진영' 예배의

---

105) 쿠게 출신. 막말기의 존황양이파 활동을 하였으며, 나라현지사(奈良県知事) 등을 역임하였다.

106) 현재 재위 중인 천황의 생일을 기념하는 날. 메이지 시기에는 메이지천황의 생일인 11월 3일이 천장절이었다. 11월 3일은 메이지천황의 사후 1927년에 '메이지절(明治節)'로 되었다가 전후에는 '문화의 날'로 되었다.

례의 발단이다. 같은 해 11월에는 모든 부현府縣에 대해 사진의 하사가 결정되었다. 하사된 사진은 대형 크기로 지금으로 말하면 반절크기(가로 30센티, 세로 45센티) 정도였다.

순행의 봉영奉迎과 천황의 사진예배가 유사한 행위였음은 다음과 같은 두 개의 글을 비교해보면 잘 알 수 있다. 첫 번째는 1876년의 토호쿠 순행 당시, 사이타마현령埼玉県令 시라네 타스케日根多助(1819~1882)가 천황을 맞이하며 바치는 축사이고, 두 번째는 각 부현에 대한 하사가 결정되었음을 보도하는 1873년 12월 5일자 신문(『日新真事誌』)의 기사이다.

> 나라를 편안하게 하는 것은 군주의 임무이기에 궁중에서 수수방관해서는 안 된다고 생각합니다. 천황은 게으름 피우지 않고 순행에 납시었습니다. 민중이 어찌 이를 봉영(奉迎)하지 않을 수 있겠습니까. (…후략…)

> 지난 28일에 우리 천황폐하의 사진을 각 부현에 하사하는 것이 결정되었다. (…중략…) 예전에 천황은 깊은 궁궐 안에 계시어서 국내의 인민들은 용안을 뵐 수 없었다. (…중략…) 이제는 부현의 요청에 의해 천황의 사진이 하사되었다. 부현에서 인민들이 천황의 사진을 뵙는 전대미문의 성은에 감사해야 할 것이다.

위의 두 글은 모두 천황이 민중의 눈에 보이는 곳에 등장하게 된 것을 기뻐하고 이에 감사하고 있다. 순행에서 통과하는 봉련鳳輦을 배알하는 것과 같은 마음으로 천황의 사진을 예배하고 있었던 것이다.

아직 사진이 배부된 범위는 좁았을 뿐만 아니라, 일반적으로는 순행의 효과와 비교하여 사진의 기능은 미비하다는 인식이

있었다고 하더라도, 1874년에 각 부현에 도착한 사진을 내걸었
을 당시, "천황의 사진을 우러러 보고 만세를 부르며 참배하는"
사람들이 끊이지 않는다는 등의 신문기사도 심심치 않게 보이
고 있다.

'어진영'이 가장 하부조직인 소학교에 하사되기까지는 이로
부터 20년 정도 시간이 걸린다. 그동안에 천황사진의 하사 범위
가 확대된 것은 메이지국가의 정치체제가 얼마만큼 진전되었는
지를 나타내는 지표로서의 의의를 가지고 있다.

지방관청 이외의 초기 배부처는 군대였다. 이것은 군의 통수
자인 천황을 상징하였다. 기록에 따르면, 1880년에 에노모토 타
케아키^{榎本武揚}(1836~1908)[107]의 요청으로 군함 '이와키^{磐城}'에 걸어
놓을 사진이 하사되었다. 군인칙유가 내려진 것이 1882년임을
고려하면, 이 시기부터 점차 천황의 군대라는 자각이 명확해지
기 시작했다고 볼 수 있다.

민중과 천황의 관계

이리하여 천황을 시각화하는, 즉 민중이 눈으로 볼 수 있도록
하는 유신초기의 정책에서 그다지 얼마 되지 않은 시간 안에 천

---

107) 막말기의 막부관료이자 메이지 시기의 정치가. 보신전쟁(戊辰戦争) 당시 홋카
　　이도의 하코다테(函館)에서 마지막까지 정부군에 저항하였다가 항복한 후 정부
　　에 등용되었다. 1875년에 러시아주재 특명공사의 자격으로 러시아와 북방국경
　　선을 확정하는 상트 페테르부르크(Sankt-Peterburg)조약을 맺는 등 국제외교 관계
　　의 업무를 두루 섭렵하다가, 1886년 내각제 설립이후에는 체신대신·외무대
　　신·문무대신·농상무대신 등을 역임하였다. 1891년에는 현재 토쿄농업대학(東
　　京農業大学)의 전신인 토쿠가와육영회(德川育英会) 육영횡농업과(育英黌農業科)
　　를 설립하였다.

황을 표현하기 위해 사진을 이용할 가능성이 발생하였던 것이다.

천황의 사진은 한편으로는 재외공관에서 주권의 상징이 되고, 다른 한편으로는 지방관청에서 민중이 예배하는 대상물이 됨으로써 이중의 정치적 기능을 수행하게 되었다. 마침 천황제국가도 대외적으로는 독립국으로 존재하고 대내적으로는 천황을 중심으로 일체화한다는 국시国是를 상징적으로 만들어내고 있었다.

이미 언급하였듯이 천황은 니시키에에 의해서 일종의 국민적 슈퍼스타가 되었다. 하지만 니시키에는 메이지 초기를 지나면서 점차 천황의 행사를 중심으로 보도하게 되었고, 그 결과 민중이 지닌 독특한 해학과 골계미를 상실해버렸다. 이에 반해 사진은 함부로 찍지 못하도록 철저히 독점 관리되었기 때문에, 단 한 종류의 사진을 배포함으로써 민중지배를 실현할 수 있는 가능성을 보이기 시작하였다. 순행에서 '어진영'의 하사로라는 상징적인 정치변화가 천황제국가의 현실적인 지배의 진전과 관련이 있음은 두말할 필요도 없다.

앞에서 인용한 관료의 축사나 신문기사의 언어는 천황제라는 제도가 어떤 종류의 '언어'에 의해 지탱되고 있었는지 전형적으로 보여준다. 이러한 것들은 내용은 상관없고 의례적儀礼的인 형태가 중요한 언어였다. 말하자면 주문과 같은 형태 그 자체가 이데올로기였다. 그 내용은 이 시대의 민중이 살아가는 경험의 가장 깊은 지층地層을 보여주는 것도 아니고, 맨 꼭대기에 서있는 정치가나 법률가가 천황에 대해 무엇을 생각하고 있었는지 보여주는 것도 아니었다. 하지만 이러한 것들의 효과는 이것으로 충분했다. 사회의 표면에서 끓어오르며 의례적儀礼的인 정치를 만들어내는 언어라면 상관없었던 것이다.

그렇다면 민중은 어떤 공간에서 살아가고 있었을까. 메이지 초기에는 천황신앙보다 훨씬 뿌리 깊은 민간신앙이 힘을 발휘하고 있었고, 대다수는 빈곤하였기에 '어진영' 하사라는 특권으로부터 멀리 떨어져 있었다. 대부분 무의식적으로 경험되는 이러한 공간의 전모를 파악하는 것은 지극히 어렵다. 이데올로기나 정책처럼 언어로 '표현될 수 있는' 것이 아니라 자연적 환경과 신체에 오랫동안 스며들어 있는 감정까지 포함하고 있기 때문이다. 이러한 민중적 지층은 근대화로 나아가려는 것만이 아니라 천황제를 퍼뜨리는 데에도 장애였다. 메이지정부는 구력旧曆을 바꾸고 경축일을 나라가 정함과 동시에 각지에 남아있는 민속적인 제례 등을 야만적인 것으로 규정하고 억압하였다. 민중은 습속을 완전히 버리지 않았지만, 천황에 대한 예배를 강제하는 것과 오랜 습속을 억압하는 것은 표리를 이루어 민중을 천황제국가로 통합하는 정치를 구성하였다.

시가 시게타카志賀重昻와 같은 지리학자도 어느 정도까지는 이러한 환경·습속·시청각적 경험 등, 이른바 무의식적인 경험의 퇴적층이 민족성을 만들어 내는 '생물학의 대원칙'이라고 인식했지만, 정론가政論家였던 그마저도 여기에 '국수国粹'라는 언어를 사용하고 말았다. 여기에서의 '국수'란 더 이상 과학도 민중의 경험도 아닌 정치적 이데올로기였다.

천황을 둘러싼 새로운 시선

개국 이래, 일본을 오랫동안 폐쇄해왔던 벽을 없애고 세계를 향해 열어 젖혀 봉건시대를 종식시킨 것, 그리고 이를 통해 아직 너무도 미숙한 상태이긴 하지만 국가를 탄생시키고 교육제도를 마련하고 군대를 편성하여 이른바 문명개화를 경험하게 만든 강력한 요인은 서구근대였다. 민족의상 대신 양복이 점차 퍼져갔고, 새로운 건축도 여기저기 세워졌으며 철도가 달리기 시작하였다. 사람들이 살고 있는 공간의 실질은 변화하지 않은 채 우선 보이는 것들부터 변해갔다.

사람들이 알지 못했던 새로운 시선, 니시키에를 만들어 냈던 것과는 전혀 다른 시선이 어느 사이엔가 만들어졌지만, 사진이 니시키에적인 전통을 완전히 대신하기까지는 몇십 년도 더 걸렸다. 니시키에의 시선에서 사진의 시선으로라는, 지극히 표층적인 현상은 경험의 심층에서 느리지만 거대한 사태와 같은 변화가 일어나고 있음을 보여준다. 민중은 오랜 신체적·심적 내실을 지닌 채 새로운 공간 속에서 살아갈 수밖에 없었다. 천황이 행차하다가 뜻밖의 사진을 찍히게 되었던 것과, 이에 이어서 본격적으로 초상사진을 촬영하였던 것은 이러한 공간으로의 변화를 제일 먼저 경험한 것이었다.

천황을 시각화하는 유신당초의 전술은 아직 고전적이었지만, 이것이 근대에 속하는 시선과 만나면서 변화하기 시작했음을 의미한다. 이러한 새로운 시선을 기능하게 만드는 정치기술은 이것과 상반되는 듯한 천황신격화를 목표로 삼아 새로운 상징언어인 사진을 손에 쥐고 앞으로 나아갔던 것이다.

2. 세 종류의 사진

사진을 싫어한 천황

한편 사진촬영의 결정적인 새로움은 천황을 살다가 죽어가는 인간의 일생을 보내는 존재로 보게 만든다는 것이었다. 니시키에의 경우에는 모노가타리의 주인공이다. 하지만 천황이 살아있는 존재라는 것은 인간인 천황의 명백한 일면이다. 때문에 사진은 자연스럽게 찍힌 시기를 보여주게 된다. 천황은 시간에 따라 성숙되고 늙어가며 변화해가는 것이다.

그러나 메이지천황의 초상사진은 그다지 많지 않다. 일반적으로 알려진 것은 이미 언급한 1872년 사진(전통의상) · 1873년 사진(양장)과 흔히 메이지천황이라고 하면 금방 그 이미지가 떠올려지는 1888년의 초상 등 세 종류이다. 『메이지천황기』에는 말을 탄 늠름한 모습을 촬영한 사진이 있다고 적혀있으므로 이외에도 촬영한 사진이 더 있다는 설이 없는 것은 아니다. 말을 타고 있는 사진은 요코야마 마츠사부로에 의해 촬영되어 빈^{Wien} 만국박람회에 출품되었다는 사실을 밝혀낸 연구자들도 있다. 이외에도 일반인에게는 유출되지 않았던 것이 더 있을지도 모른다. 또한 만년의 옆얼굴을 찍은 사진이 유포되고 있지만, 이것은 군사 대연습 당시 임시 휴게소에서 참모본부의 사진부원이 암묵적인 허가를 얻어서 천황 모르게 촬영한 것으로, 본래는 고개 숙인 모습을 트리밍^{trimming}108)하여 방향을 바꾼 것이다. 어느

---

108) 사진에서 구도를 다듬기 위해 불필요한 부분을 잘라내는 일.

것이든 초상사진이라고 말할 수 없는 것이기 때문에 여기에서 문제삼을 필요는 없다. 따라서 여기에서는 1872년, 1873년, 1888년 세 종류만을 초상사진으로 고려해도 충분할 것이다.

메이지 초기에는 누구든지 빈번히 사진을 찍는 관습이 없었지만, 그렇다 하더라도 한 국가의 상징인 천황의 사진이 이렇듯 오랫동안 촬영되지 않았던 것은 기묘하게 생각된다. 그동안 어렸던 천황도 나이가 들고 '군덕君德을 함양'하여 제왕으로서의 공적인 경험을 쌓았기 때문에 용모도 변하였다. 실재實在하는 천황과 사진으로서의 천황이 너무도 달라서는 곤란하지는 않았을까 하는 의문이 든다. 실제로 곤란한 일도 발생했다.

새로운 사진의 필요를 절실히 느끼고 서둘렀던 것은 천황이 아니라 궁내대신宮內大臣 히지카타 히사모토土方久元(1833~1918)109)였다. 『메이지천황기』는 1888년 항목에서 "천황은 촬영을 좋아하지 않았다. 어진영으로서 존재하는 것은 구제舊制 프랑스식 군복을 입은 것을 비롯하여 모두 10여 년 전에 촬영한 것이어서 외국 황족이나 귀빈에게 증여하기에 적합하지 않았다. 따라서 원하는 자가 있을 때마다 대신大臣(히지카타를 가리킴) 등은 그 처리 때문에 곤란했다"고 적고 있다. 천황이 왜 사진 찍기를 싫어했는지 분석하는 것은 의미가 없다. 이 내용에서 명확해지는 중요한 사실은 1873년 이후 천황이 본격적인 초상사진을 촬영하지 않았다는 것이다. 1873년에는 서구와 대등한 양장을 입은 사진

---

109) 토사번(土佐藩) 하급무사 출신. 막말기에 존황양이파로 활동하였으며, 메이지 유신 후에는 토쿄부 판사, 궁내대신 등을 거쳐 원로원의관과 추밀고문관을 역임하였다.

쪽이 바람직했기 때문에 더 이상 촬영하지 않았지만, 이젠 사진을 촬영하지 않을 수 없었던 것이다.

이미 언급한 바와 같이 1888년까지 복식제도는 종종 바뀌지만, 1872년부터 1873년에 거쳐 천황의 겉모습에는 큰 변화가 없었다. 이렇듯 긴급한 필요가 없어서 별로 진전되지 않다가 어느새 십수 년이 지나가 버린 것일지도 모른다.

궁내성에 소속된 우치다 쿠이치가 그의 사진관이 한참 번창하던 1875년에 불과 31세의 나이로 일찍 세상을 떠난 것도 사진촬영의 기회를 놓쳐버린 이유 중 하나일지도 모른다. 이후에는 스즈키 신이치鈴木真一(1834~1918)[110]와 마루키 리요丸木利陽(1854~1923)[111]가 궁내성 소속 사진가로 출입하였다.

새로운 초상사진의 필요성

외교적으로 사진을 교환할 때에도 예를 벗어나기 때문에, 측근으로서는 더 이상 낡은 사진을 사용해서는 안 된다고 생각했던 것이다. 아무튼 이 해에 드디어 새로운 사진이 완성되었다. 이것은 장년이 된 위풍당당한 군복차림의 초상이었다.

마침 이 시기의 천황제 국가체제는 헌법제정을 축으로 그 기

---

110) 1866년부터 시모오카 렌죠(下岡蓮杖)에게 사진기술을 배워서 1873년 요코하마 벤텐도오리(弁天通)에 사진관을 개업하였다. 10여 년간의 연구를 통해 도자기에 사진을 새겨 넣는 기술을 개발하였다.

111) 1875년부터 후타미 쵸요(二見朝陽, ?~1888)에게 사진기술을 배워서 1880년에 사진관을 개업하였다. '마루키식 채광법'을 발명하여 1890년 제3회 내국권업박람회와 1909년 영일박람회(英日博覧会)에 출품하기도 하였다. 제실기예원(帝室技芸員)의 자격으로 타이쇼천황(大正天皇)도 촬영하였다. 토쿄사진업조합 조합장을 역임하였다.

초를 확실히 다져가고 있었다. 1888년 6월에 이토 히로부미는 추밀원에서 헌법제정의 방침을 밝히는 연설을 하였다. 이때 그는 근대국가를 건설하는데 "우리나라의 기축으로 삼아야 할 것은 오직 천황뿐"이라며, 국체를 헌법의 전제로서 밝혔다.

마루야마 마사오丸山眞男 씨는 이러한 황실기축설皇室機軸說에 대해, "'개국'의 직접적인 결과로 발생한 국가생활의 질서화와 유럽사상의 '무질서'한 유입의 대조가 여기에 이르러는 국가질서의 중핵 자체를 정신적 기축으로 삼는 방향으로 수습되었다"고 지적하면서, 일본의 근대화에 의해 촉발된 정치적·문화적 균열을 황실중심의 사상으로 해소하려 했던 점에 주의를 환기시키고 있다. 분명 이것이 일본의 운명을 결정지었다. 하지만 노련한 이토 히로부미의 황실관皇室觀 자체에 대해서는 어디에 그 진의가 있었는지 가늠하기 어려울 정도로 애매한 점이 없는 것도 아니다. 이러한 황실기축설은 상황에 따라서는 천황을 기능주의적으로 이해할 수도 있었다. 따라서 헌법에서 천황의 법적 위치를 규정짓는 것은 예상외로 복잡하고 곤란하였다.

하지만 1888년에 누가 보더라도 국가원수다운 초상으로 천황상天皇像이 시각화된 것은 법적으로 천황을 국가기축으로 생각하는 것 이상으로 이후 지배기구 속에서 천황이 상징으로 크게 기능하게 되는 징조였다. 오히려 헌법상 황실의 위치를 규정하는 법이론적 문제 쪽이 이렇듯 보다 넓은 의미인 상징의 정치적 기능내부에 놓여 있었을지도 모른다. 이리하여 초상사진과 그 취급방식으로부터 보이지는 않지만 광범위한 일본의 정치가 만들어지게 된 것이다.

세 종류의 초상사진에 나타난 천황상

세 종류의 초상을 함께 나열하여 보면, 정치적 역사와 피사체의 생애 중 세 시기가 각각의 사진 속에서 분리되기 어렵다는 것을 알 수 있다.

일반적으로 초상의 용모와 체격은 연령을 보여주고, 입고 있는 복장은 제도상에서 차지하는 역할을 나타내며, 취하고 있는 태도는 경험의 충실도를 드러낸다. 이와 같은 도상적^{図像的} 의미에 대해서는 천황의 사진도 예외가 아니다. 세 종류의 초상을 비교해보면, 눈에 보이는 '천황'의 상^像은 분명히 변화하고 있으며, 정치적 도상^{図像, icon}으로서의 기능도 발전하고 있음을 알 수 있다.

1868년, 아직 소년이라고 해도 좋을 만한 천황을 오사카의 행재소^{行在所}에서 알현한 어네스트 사토는 다음과 같이 전통적 세계 속에 있던 천황의 모습을 세밀하게 묘사하고 있다.

> 천황이 일어나자 얼굴의 윗부분이 가려져 보이지 않게 되었지만, 나에게는 움직일 때마다 얼굴이 잘 보였다. 화장을 했는지 얼굴은 흰색이었다. 입은 의사들이 말하는 돌악형(突顎形)[112]이었지만, 얼굴의 윤곽은 대체적으로 뚜렷했다. 눈썹을 깎고 그 위로 1센치 정도 되는 곳에 눈썹을 그렸다. 의상은 뒤로 길게 늘어진 검은색 상의에 망토(manteau)같은 흰색 겉옷과 자주색의 긴 하의를 입고 있었다.

어네스트 사토의 묘사를 전통의상을 입은 1872년의 사진과 비교해봐도 제법 인상이 변했음을 알 수 있다. 성년이 되어 눈

---

112) 얼굴을 측면에서 보았을 때 턱 부분이 현저하게 앞으로 튀어 나온 상태. 원숭이나 원인(原人)처럼 보인다.

섭을 깎지 않고 그대로 두었기 때문에 지극히 자연스러운 얼굴 모양이 되었고, 이젠 어린 귀공자라기보다 의상에 의한 자신의 '신체'로 왕정복고를 상징하는 청년군주가 되었다. 사진의 얼굴 윤곽은 어네스트 사토가 묘사한 것과 거의 동일하다.

천황의 얼굴은 1년 후인 1873년의 사진에서 한층 변화하기 시작하였다. 우선 코밑과 턱에 옅은 수염이 나기 시작한 것이다. 이것은 어네스트 사토가 지적했던 턱의 형태를 감출 목적도 있었을지 모르지만, 그것만은 아니다. '천황상天皇像의 형성'을 상세히 분석한 사사키 스구루佐佐木克 씨는 천황의 수염에 대해 "노인이 아닌 자가 수염을 기르는 것은 명백히 '이단'적인 의미를 지녔던 일본사회의 전통을 고려했을 때, 천황의 수염은 오쿠보 토시미치의 수염과 마찬가지로 구미습관의 영향임과 동시에 분명한 정치적 배려를 배경으로 한다. 수염과 군복은 천황의 트레이드마크가 되었고, 이로써 천황=군인상軍人像이 확립되어 갔다"고 정확히 적고 있다. 수염은 의상과 마찬가지로 인위적인 것이며 민족문화적인 의미를 지니고 있기 때문이다.

일반적으로 정치적 인간이 의도적으로 얼굴을 다듬어가는 것은 지금도 상식에 속하기 때문에, 메이지천황의 얼굴을 점차 제왕다운 위엄에 가깝게 만드는 '정치적 배려'가 인위적으로 이뤄졌다고 해도 이상할 것은 전혀 없다.

이상으로서의 천황초상

천황의 얼굴은 변해갔다. 약 15년 후인 1888년의 천황초상은 거의 '이상적인 군주상'이 되었다. 이렇게 되면 이제 더 이상 촬영을 반복할 필요는 없다. 이상으로서의 천황상은 역사적 시간을 초월하게 되는 것이다.

역사 속에서 형성되면서도 초역사적으로 되는 것은 지도자의 초상이 지니는 일반적 원리이기도 하다. 지도자의 초상은 왕성한 기운이 흘러넘치고 위엄과 부드러움으로 가득찬 것이 일단 만들어지면, 그 이상은 필요가 없다. 어떤 국가에서든지 지도자의 상像은 종교적인 아이콘icon과도 같기 때문에, 그의 정치적 인생을 각 시기별로 기록한 것일 필요는 전혀 없다.

민중은 존경할 만한 지도자의 신체가 쇠약해져서 기력을 상실하는 것을 보고 싶어 하지 않는다. 고대의 왕권에서 권능이 쇠퇴한 왕은 살해당하는 존재였다. 지도자의 초상은 민중의 기대를 도상화図像化한 것이고, 민중의 감정이 만들어낸 상징이라고도 말할 수 있는 것이다.

이러한 감정은 무엇이었을까. 이것은 자발적인 감정이라기보다 한편으로는 메이지유신 이래 반복되어 온 정치적 기술에 의해서 만들어진 것이었다. 하지만 여기에는 명확하진 않지만 고층古層113)에 속하는 또 다른 감정, 즉 화폐초상사건 당시에 궁정

---

113) 마루야마 마사오 씨가 근대일본의 '정치의식'을 설명하기 위해 제시한 개념어. 이 용어는 "직접적으로는 (『코지키(古事記)』·『니혼쇼키(日本書紀)』의) 개벽신화의 서술 또는 단어 사용의 발상에서 유래하지만, 동시에 이후 오랫동안 일본의 역사서술이나 역사적 사건에 대한 접근방식의 근저에서 집요하게 울려오는 지속저음(持続低音, basso ostinato)을 알아듣고서, 이로부터 거꾸로 거슬러 올라가, 즉 고대(古代)로 그 궤적을 되짚어감으로써 도출"되는 '역사적 사고양식·발상양식'을 의미한다(丸山真男, 「歷史意識の古層」, 『忠誠と反逆一転形期日本の精神史的位相一』, 筑摩書房, 1992(1972 초판), 298면 참조 이 책의 번역은 박충석·김석근 공역, 『충성과 반역─전환기 일본의 정신사적 위상』, 나남출판, 1998).

이 불러일으켰던 무서운 감정을 이른바 역사의 심층에 있는 무의식의 세계로 상정할 필요도 있다.

아미노 요시히코網野善彦 씨가 고다이고천황後醍醐天皇(1288~1339)[114]을 논한 매력적 논문 「이형異形의 왕권」에서 지적하고 있듯이, 고다이고천황의 이상한 행동에서 드러나는 마적魔的인 힘이, 여전히 천황제와 함께 일본사회의 심층을 관통하는 기억으로서 잠재한다고 봐야 하지 않을까. 메이지국가의 체제는 국가신도와 일상화된 유교적 덕목으로 겉치장함으로써 이러한 역사의 심층을 끄집어내고 이용하였다고 말할 수 있지 않을까. 지금 당장 여기에서 분명하게 결론지을 수는 없지만, 아무튼 메이지 시기에 성립한 천황에 대한 예배의례가 지닌 신비한 힘을 생각할 때, 역사의 심층을 관통하는 감정과 상징으로서의 천황이 서로 비밀리에 관련되어 있다는 점은 전혀 무시할 수 없을지도 모른다. 일반민중은 별도로 치더라도, 적어도 천황에 대한 논리를 만들어내야만 했던 정치가나 법률가들은 자신들의 기반이기도 한 우주론의 공백을 채우지 않고서는 당연히 불안을 느꼈을 것이다.

---

114) 카마쿠마(鎌倉) 후기의 전제군주, 재위기간은 1318~32년, 1333~39년이다. 1321년에 천황친정(天皇親政)을 부활시키면서 조정정치의 쇄신을 시도하다가 카마쿠라막부로부터 한때 폐위당하기도 하였지만, 1333년에 토막(討幕)에 성공하고 다시 재위에 올랐다. 쿠게를 중심으로 한 정치개혁인 건무신정(建武新政)을 추진하다가 부시(武士)의 반발을 샀고, 그 결과 막부가 천황을 옹립하는 북조(北朝)에 대응하며 1336년에 요시노(吉野)로 도망가 남조(南朝)를 세웠다. 남북조시대는 1392년까지 이어지다가 남조가 북조에 흡수되면서 막을 내렸다.

3. 사진으로 보는 일본인의 신체

초상과 모델

이미 지적한 바와 같이 초상사진은 살아있는 신체의 도상화^図像化이다. 게다가 초상은 그 신체를 고정한다.

만약 초상의 정치학을 명확히하려면, 한층 치밀하게 이러한 사진으로 도상화된 신체를 분석하고 전통세계에서 근대로 들어선 당시, 문화로서의 신체가 어떠했는지를 명확히 해야 할 필요가 있다. 신체 그 자체가 이미 정치와 문화로 구성되어 있기 때문이다. 더욱이 한번 완성되면 언제까지고 변하지 않는 초상이라는 이미지와 변화해가는 모델은 일치하지 않는 관계에 있다. 프랑스의 철학자 에티앙느 길슨^{Etienne Gilson} 씨는 "초상화가 한 장밖에 남아있지 않은 경우, 우리들로서는 모델을 초상화와 유사한 것이라고 볼 수밖에 없다. 우리들이 알고 있는 데카르트^{Rene Descartes}(1596~1650)의 얼굴은 프란스 할스^{Frans Hals}(1581 / 5~1666)[115]가 그린 얼굴이지만, 이 유명한 초상화가 표현하고 있는 것이 바로 다름 아닌 데카르트가 되는 것이다. 만약에 사실은 이것이 데카르트가 아니라고 해도 데카르트 자신은 이에 대해 이의를 제기할 수 없다. 그리고 우리들에게는 프란스 할스가 모사한 모델이 바로 데카르트라는 점에는 변함이 없다"고 지적하면서, 이제는 상^像이 모델의 실재^{実在}와 그 속성 그리고 그 가치까지도 보증

---

115) 네덜란드의 초상화 화가.

한다고 적고 있다. 모든 초상과 모델의 사이에 있는 이러한 애매함 때문에 초상을 정치화할 가능성도 만들어진다. 따라서 모든 초상에서는 모델에 속하는 것과 상(像)이 만들어낸 것에 속하는 것을 구분해야만 한다. 이것은 이 책에서 주제로 삼고 있는 메이지천황의 초상에 대해서도 마찬가지이다.

메이지천황을 촬영한 세 종류의 사진을 비교해 봐도 모델의 인생 시기가 다르다는 것, 즉 모델에 속하는 성질만이 아니라 사진 그 자체의 성질이 다른 경우가 있다. 표현된 신체는 이 두 가지로부터 분리될 수 없다. 화면의 분할방법, 세세한 부분의 밀도, 음영의 표현방법, 자세 등은 명백히 모델에게 속하는 것이 아니라 초상의 구성에 속한다. 이것을 사진가의 시선 또는 사진의 시선이라고 말할 수 있을 것이다.

우치다 쿠이치가 촬영한 천황의 사진을 분석하는 것도 이 두 가지를 고려해야만 한다. 뜬금없이 노골적인 정치적 효과를 끄집어내는 것이 아니라, 거의 무의식적인 지각과 신체의 수준으로 내려와서 이를 기반으로 삼아 상(像)을 만들어내는 시선, 그리고 이를 매개로 한 일본의 정치적 사회를 봐야 하는 것이다.

일반적으로 초상사진은 인물을 대상화하고, 그 인물은 카메라의 앞에서 자세를 취하고 어떠한 표정을 짓게 되므로, 그런 만큼 사람들이 자세나 표현을 너무 능숙하게 하면 자신도 모르게 어떻게 살아가고 싶은가라는 욕망을 말해버리게 되는 경우가 있다. 19세기 서구의 초상사진은 대체적으로 그렇게 이해할 수 있다. 사진을 찍어 본 경험이 적을 때에는 카메라의 앞에서 자신의 신체를 어떻게 해야 할지 모르고, 그 서투름이 오히려 그 사회의 지각과 신체의 양상을 보여주게 된다. 초상사진에 대한 메이지 초기 일본의 수준과 신체의 상태도 이러한 서툰 단계였다.

메이지 초기의 사진기술

막말의 선구자들은 사진기의 취급과 화학처리의 숙련에 급급하여, 찍는다는 것 자체가 과제였다. 마침내 우에노 히코마, 시모오카 렌조下岡蓮杖(1823~1914)[116], 우치다 쿠이치, 키타니와 츠쿠바, 요코야마 마츠사부로 등과 같은 초창기 사진가들이 활약하는 시기에 이르러서는 사진은 이미 풍경이나 인물을 찍는 실용 단계에 들어섰다. 당시 토쿄에서는 우치다 쿠이치 이외에도 많은 사진가들이 사진관을 운영하고 있었고, 또한 1870년대 중반 이후에는 에사키 레이지江崎礼二(1845~1910)[117], 후타미 아사마二見朝隈(1852~1908), 스즈키 신이치, 마루키 리요, 마츠자키 신지松崎晋二 등과 같은 많은 사진가들이 성황리에 제각기 사진관을 운영하였다. 토쿄 아사쿠사浅草의 예를 들어 보면, 번창하는 사진관 주변에는 수많은 사진가들이 가게를 열고 노골적으로 고객들을 불러 모으는 광경도 보이게 되었다. 사진가라고 해도 최상급에

---

116) 일본에서 상업사진의 시조로 불리는 사진가. 서쪽(나가사키)의 우에노 히코마, 동쪽(요코하마)의 시모오카 렌조라 불렸다. 처음에는 니시키에 화가가 되기 위해 카노 토센(狩野董川, 1810~1871)의 문하생이 되었다가, 은판사진(銀板写真)을 본 이후 사진기술의 습득을 위해 미국인에게 접근하기 쉬운 우라가봉행쇼(浦賀奉行所)의 아시가루(足軽)가 되기도 하였다. 1861년 요코하마에 사진관을 개업하고, 외국인을 상대로 한 기모노를 입은 기념사진이나 일본 풍경사진 등을 판매하여 대성황을 이루었다.

117) 일본에서 최초로 건판사진(乾板写真)의 촬영에 성공한 사진가.

서 최하급까지였고, 이들은 활기찬 문명개화의 광경 중 하나였다. 『부코연표武江年表』에 따르면 1872년과 1873년 즈음에는 가게 앞에 풍경·건축·배우·유녀遊女 등의 사진을 내놓고 파는 상점도 점차 증가하였다.

1870년대의 일본에서는 초상사진에 대한 요구가 훨씬 많았음에도 불구하고, 당시 사진가들의 초상사진은 소박한 사진기술의 단계를 벗어나지 못했다. 동시대의 서구 초상사진이 보여주는 기교와 비교하면 너무도 유치했다. 하지만 19세기 프랑스에서 가장 뛰어난 초상사진가인 나다르의 활동 시기는 1850년대 말부터 1870년대였다. 이렇게 볼 때 초상화에 대한 오랜 전통이 일본에 없다는 것은 초상사진의 발전에 결정적인 한계였다.

하지만 메이지 초기의 사진을 생각할 때, 이러한 다종다양한 사진가들의 기술과 영업방식만이 아니라 찍는 사람들과 사진을 사용하는 사람들의 인식이 어떠했는지 고려해 둘 필요가 있다. 현재는 낯설게 들리겠지만, 1886년에 마츠자키 신지가 『사진 찍는 고객의 수칙写客の心得』이라는 소책자를 출판하고, 1910년에는 하라다 타네미치原田種道가 『사진을 찍는 마음가짐写真にうつる心得』을 출판하였다. 하라다 타네미치는 이미 세상에는 사진에 관한 출판물이 많지만 그 대부분은 사진가의 기술을 위한 것밖에 없어서 여전히 사회전체가 아직 유치한 인식에 머물러 있다고 개탄하였다. 이러한 책들의 내용은 조잡했지만, 이를 통해 아직 카메라 앞에 설 마음의 준비가 되어 있지 않던 당시의 일반인들이 카메라 앞에서 신체의 자유를 잃어버리고 있었다는 것을 충분히 추측할 수 있다.

초상과 초상화의 구별

프랑스나 영국의 경우와 같이 충분히 발달한 초상사진이라면 초상화와 똑같은 분류가 성립한다. 미술사학자 버나드 베른슨 Bernard Berenson 씨가 말하는 다음과 같은 '초상effigy'과 '초상화portrait'의 구별은 사진의 경우에도 적용된다.

'초상화'는 개인을 묘사하여 장식의 수단으로 삼은 것, 즉 사회적 지위와 함께 내적 인간이기도 한 개인을 묘사하는 것이다. 렘브란트 반 레인(Rembrant van Rijn, 1606~1669)[118]이 만년에 절묘하게 그려냈던 초상화들을 그 예로 들 수 있다. 이와 달리 '초상'은 주제의 사회적 양상을 목표로 삼는 것이다. 예를 들어 병사라면 병사답게, 재판관이라면 재판관답게, 목사라면 목사답게, 실업가나 전문가라면 자존심을 강조하고, 사교계 부인이라면 당시 유행하는 모습을 반영하고, 클럽을 좋아하는 남자라면 클럽 분위기를 강조하는 것이다.

바꿔 말하면, '초상화'는 불필요한 배경이나 소도구를 없애고 그림 대상 그 자체에만 집중하는 것이고, '초상'은 배경이나 소도구를 최대한 이용하여 그림 대상을 주제에 알맞게 보이도록 여러 수법을 사용하는 것이다. 초상의 극단적인 예는 우의寓意에 의한 초상이다. 우치다 쿠이치의 천황사진은 초상화가 아니지만, 그렇다고 해서 초상에서 보이는 거창한 복장과 잔손질과 같은 연출도 없다. 게다가 이것은 천황을 반신적半神的 이미지로 묘사한 것도 아니고 젊음의 신화를 표현하고 있지도 않다. 사진

---

118) 흔히 빛의 마술사라 불리는 네덜란드의 대표적 화가. 네덜란드가 해양강국으로 위용을 떨치던 17세기 암스테르담에서 활동한 화가. 당시 회화는 주로 순광을 이용했지만, 렘브란트는 회화에 역광, 사광 등 다양한 빛의 위치를 시도하면서 매우 사실적인 색깔과 모양새를 표현했기에 흔히 빛의 마술사라 불린다.

속의 천황은 위엄을 과시하는 것처럼 보이지도 않고, 자세나 표정도 굳어있어서 의지가 강한 청년으로밖에 비춰지고 있지 않다. 즉 이것은 가장 소박한 순수사진^{Straight photography}119)이다. 물론 우치다 쿠이치가 직접 천황의 자세를 고쳐 잡아 측근들을 놀라게 만들었다고 하듯이, 아마도 사진가로서는 피사체의 자세를 설정하여 고귀한 초상처럼 촬영할 생각이었을지 모른다. 그러나 이것은 좋든 싫든 순수한 '사진'일 수만은 없었다. 메이지 말년의 초상사진가들은 나다르를 비롯하여 렘브란트 반 레인의 광선^{光線} 등을 거론할 정도의 수준에 도달하였지만, 당시는 초상사진에서 기교가 중요하다는 점을 아직 이해하지 못하고 있었다. 하지만 그렇기 때문에 이 시기의 사진에서는 오히려 대상을 있는 그대로 드러내는 시선과 이에 의한 모델의 생생한 존재를 발견할 수 있는 것이다. 1872년과 1873년에 촬영된 천황사진의 생생함은 여기에서 유래한다.

신체의 어색함

메이지 초기의 초상사진이 지니는 미숙함은 사진가의 기량 탓만이 아니었다. 마츠자키 신지나 하라다 타네미치가 말하듯이, 찍히는 쪽의 살아있는 '신체'에도 원인이 있었다. 서구인의 시각에서 보면, 메이지 초기 일본인의 신체는 아직 근대적 관습이 몸에 익숙하지 않아서 상당히 어색하였다. 1879년에 일본을 방문한

---

119) 색의 농담(濃淡)이나 화면구성에 연출 또는 합성과 같은 기교를 사용하지 않고 인간이 본 그대로의 시선으로 있는 그대로의 풍경 및 인물 등을 촬영한 사진작품 또는 이러한 표현형식.

미국의 전^前 대통령 그랜트^{Ulysees S. Grant}(1822~1885)[120]의 수행원이었던 존 러셀 영^{John Russell Young}(1841~1899)이 저술한 『그랜트장군의 세계주유기^{世界周遊記}』[121]에는 그랜트가 메이지천황을 알현했을 당시의 인상이 기술되어 있다. 여기에서 존 러셀 영은 천황이 자신의 신체를 다루는 기법을 객관적인 시각으로 흥미 깊게 관찰하였다(원문은 『메이지천황기』에서 인용).

（…전략…） 황제는 부동자세를 취하고 서있었다. 마치 자신에게 바쳐지는 경의를 개의치 않는 듯하였다. 황제는 일반적인 일본인보다 키가 큰 편이고 말랐으며 그 입과 입술은 합스부르크가(Habsburger家)[122]의 특징을 연상시켰다. 이마는 좁고 두발과 수염 및 구레나룻은 모두 칠흑같이 검었다. 얼굴에는 어떠한 감정도 드러내지 않고 그저 검게 빛나는 눈으로 그랜트를 위에서 내려 볼 때는 마치 서있는 동상으로 오해할 정도였다. （…중략…） 예식은 다소 특이했지만 이것도 근래에 대폭 변한 것이라고 한다. 우리들의 위치가 정해지자 황제는 앞으로 나와 그랜트장군과 악수하였다. 황제는 약간 긴장한 듯 보였지만 서툴지는 않았다. 마치 처음 악수하는 사람처럼 될 수 있는 한 이것을 잘 하려고 애쓰는 것 같았다. （…후략…）

---

120) 미국 제18대 대통령(1869~1877). 오하이오주의 포인트 플레즌트 출생. 미국육군사관학교(웨스트포인트)를 졸업한 뒤 미국－멕시코 전쟁에 참가, 1854년에 퇴역하여 일리노이에서 피혁·마구상(馬具商)을 경영했다. 남북전쟁이 일어나자 일리노이 민병(民兵)을 거느리고 출정하여 공을 세우고 64년에 북군총사령관에 임명되었다. 1867~68년 존슨대통령 하의 임시 육군장관이 되었으나, 대통령 정책에 반대하고 68년 공화당의 대통령후보로 지명되어 18대 대통령으로 당선되었다. 남부재건문제 처리에 힘썼으나 정계의 부패사건이 잇달아 불평을 샀고, 그 때문에 역대 대통령 중 가장 나쁜 평가를 받는 대통령 중의 한 사람이 되었다.
121) Young, John Russell, Around the world with General Grant : a narrative of the visit of General U. S. Grant, ex-President of the United States, to various countries in Europe, Asia, and Africa, in 1877, 1878, 1879, New York, 1879.
122) 오스트리아 구황실(旧皇室) 일가. 중세 이래 유럽 제일의 명문가이다. 가명(家名)은 스위스에 산성 합스부르크(매의 성)를 쌓은 데서 유래한다.

어느 쪽인가 하면 호의적이라 할 수 있는 존 러셀 영의 시각은 천황의 기품을 인정하면서도 사람을 대하는 태도가 딱딱하고 서툴다는 것을, 신체가 아직 충분히 근대화(서구화)되지 못했다는 인상으로 받아들인 것이다.

자신의 신체를 다루는 방법, 즉 걸음걸이나 노동할 때의 몸놀림, 인사나 휴식방법 등은 자연적인 것이 아니다. 문화에 따라 단순한 앉는 방법도 명백히 다르다. 이처럼 문화에서 보이는 고유한 몸놀림을 인류학자 마르셀 모스^{Marcel Mauss} 씨는 '신체기법^{身体技法}'이라고 불렀다. 마르셀 모스 씨가 지적하듯이, 신체기법은 각각의 문화에서 고유한 형식을 지닌다. 그의 표현을 빌리자면, 수행원 존 러셀 영의 눈에 비친 천황은 근대적인 신체기법을 몸에 익히지 않았다고 할 수 있다. 이러한 근대적 신체기법이란 무엇을 가리킬까.

서구에서는 17세기경부터 학교 · 공장 · 군대 등을 통해 신체로부터 효용을 끌어내는 훈련을 실시하였다. 역사적으로 보면 이것이야 말로 자본주의적 노동이 요구하는 신체였다. 근대는 학교 등과 같은 새로운 사회시스템을 통해 신체를 기능적 효율이라는 시점에서 다시 훈련시켰다. 이뿐만 아니라 서구는 의상이 그랬던 것처럼, 세계 속에서 서구의 신체기법을 마치 자연스러운 보편적 신체인양 보급시켰다. 근대 스포츠의 전파가 그 좋은 예이다.

일본인의 신체는 아직 그러한 훈련과 거리가 멀었다. 모스^{Edward Sylvester Morse}(1838~1925)는 『일본에서의 나날들^{Japan day by day}』에서 일본 사람들의 걸음걸이가 전혀 가지런하지 못한 것을 보고 놀랐다고 적고 있는데, 이것도 근대적인 신체관^{身体観}으로 일본인을 보았기 때문이다. 근대는 명백히 다른 신체를 요구하였던 것이다.

모리 아리노리의 신체론

1879에 모리 아리노리森有礼(1847~1889)[123]가 『토쿄학사회원잡지東京学士会院雑誌』 제1호에 발표한 「교육론—신체의 능력教育論—身体の能力」이라는 논문은 명백하게 일본인의 신체를 서구인의 시각에서 보고 있다. 이 논문은 내용에 문제가 있긴 하지만, 사회생활을 신체의 기능효율이라는 차원에서 보려했던 점에서 앞을 내다보는 예리함을 보여주고 있다. 그에 따르면 지육智育・덕육德育・체육体育 세 가지가 일체가 되어 교육은 완성되는데, "본인의 소견에 의하면 현재 우리나라 사람에게 가장 부족한 것은 교육의 가장 중요한 뿌리라 할 수 있는 세 능력 중 하나, 즉 신체의 능력이다. 신체의 능력만으로 살아가는 농민과 공인工人을 제외하면 자신의 건강을 보존하는 자가 과연 얼마나 되겠는가. 이 중에서도 이전의 무사를 제외하면 우리들의 몸 상태는 또 어떠한가. 그 연약함에 실로 탄식을 금하지 않을 수 없다"면서, 신체를 움직이는 것을 싫어하는 일본인의 나태함을 지적하였다. 또

---

123) 사츠마번(薩摩藩) 출신 정치가. 막말에 번의 명령으로 영국과 미국을 유학하였으며, 이때 기독교신자가 되었다. 메이지유신 이후 귀국한 그는 1873년에 후쿠자와 유키치(福沢諭吉) 등과 함께 메이로쿠사(明六社)를 결성하고 영어의 국어화를 제창하기도 하였다. 1875年에는 현재 히토츠바시대학(一橋大学)의 전신인 사숙상법강습소(私塾商法講習所)를 개설하였다. 1885년 이토 히로부미(伊藤博文) 1차 내각에서 초대 문무대신(文部大臣)에 취임한 이후 일본의 근대적 교육제도 확립에 많이 관여하였다. 1889년 대일본제국헌법(大日本帝国憲法) 발포 당일에 국수주의자인 니시노 분타로(西野文太郎)에게 암살당했다.

한 그 이유를 환경과 의식주로 설명한 후, "이것이 관성慣性이 되어 신체의 사용을 억누르고, 이 때문에 등뼈가 활모양으로 휜 꼽추의 모습이 되고 무릎 관절도 휘어 곧게 성장하지 못 한다"면서, 일본인의 신체가 얼마나 아름답지 못하고 훈련되어 있지 않은가를 걱정하였다. 그의 실제목적은 병식兵式 체조를 학교교육에 도입하는 것이었다.

모리 아리노리에게 비판받은 전통적 신체는 자본주의적 생산이 발달하지 못한 일본의 사회상황을 구체적으로 표현한다. 근대적인 의례에 어울리는 신체는 이러한 부르주아사회의 신체적 훈련을 거쳐 성립한다. 메이지 초기의 초상사진은 어느 것을 보더라도(유럽에서 촬영된 것도 포함하여) 피사체의 모양새가 어색하다고 느껴지는데, 이것은 시원스럽지 못한 신체의 마디마디, 즉 자본주의적 노동에 숙련되지 못한 상태이기 때문이다. 이와 동시에 신체의 모양새를 보기 좋게 하려는 사진가의 배려도 결여되어 있었다.

타카하시 유이치의 초상화

1873년의 초상은 복식제도가 바뀐 이후이기도 해서, 틀림없이 근대적 서구의 군주에 뒤지지 않는 당당한 미래의 군인적인 용모와 모습이 기대되었을 것이다. 하지만 우치다 쿠이치의 사진에서 이것은 불충분하게 표현되었다. 우치다는 천황을 의자에 기대앉은 자세로 촬영하였다. 서구의 궁정문화에서 이것이 위엄을 잃어버린 자세라는 점은 익히 잘 알려져 있는 바이다. 다리의 위치는 느슨하게 벌리고 있지만 신체는 어색하게 경직되어 있다. ‘초상effigy’적인 초상사진의 기법, 즉 왕후王侯의 초상이 지니고 있던 상징적 의미를 이해하고 있지 않았던 우치다 쿠이치가 찍은 최초의 천황 사진은 아직 ‘국가의 상징’이라고 하기에는 너무도 거리가 있었다.

이에 비해 우치다 쿠이치의 사진을 토대로 그려진 타카하시 유이치의 유화는 적어도 위엄유지에 대한 기대가 분명히 자각되고 있었다. 당시의 사진과 그림에서는 의미를 표현하는 가능성과 자각에 아직 상당한 차이가 있었다. 서양화의 역사를 약간 공부한 타카하시 유이치는 어떤 한 글에서 초상을 육신과 동일하다고 서술하는 등 의외로 초상과 모델을 동일시하고 있다. 리얼리즘의 극치는 대상과의 동일화라고 생각한 타카하시 유이치는 이것을 천황의 초상이라는 특별한 것으로 실천하려던 것일까. 이러한 생각이 있었기 때문에 그는 이전부터 천황의 초상을 그리고 싶어 했던 것일지도 모른다. 이미 언급한 바와 같이 그는 1874년에 우고리니가 그린 천황의 초상을 모사하고 싶다고 청원하였다가 거부당했지만, 1879년 2월에는 원로원에 소환되어 천황의 초상화를 그리라는 명령을 받았다(이때 고세다 요시마츠(五姓田義松, 1855~1915)[124]가 황후의 초상을, 아라키 칸포(荒木寬畝, 1831

---

124) 서양화가 고세다 호류(五姓田芳柳, 1827~1892)의 차남. 1865년부터 찰스 버그만(Charles Wirgman)에게 서양화를 배웠다. 이때 타카하시 유이치도 같이 배웠다. 1876년에는 공부성(工部省) 산하 미술학교 입학하였는데, 이 시기에 코메천황(孝明天皇, 1831~1866)의 초상화, 메이지천황의 순행도(巡幸図) 등을 그렸다. 1877년 제1회 내국권업박람회에서 서양화 부분 그랑프리를 수상하기도 하였다. 1880년에 파리로 유학하여 역사화의 대가인 보나(Leon-Joseph-Florentin Bonnat, 1833~1922)에게 배웠다. 1882년에 일본인으로는 처음으로 살롱에서 수채화로 입선하였다. 대표작으로는 『후지(富士)』 등이 있다.

타카하시 유이치의 『메이지천황 초상화』

~1915)[125]가 황태후의 초상을 그렸다).

1874년에 우고리니는 우치다 쿠이치가 촬영한 사진에 트리밍 trimming한 좌상座像을 그렸지만, 1878년에는 다시 우치다 쿠이치가 촬영한 사진을 토대로 7등신입상七等身立像을 그렸다. 리얼리스트 타카하시 유이치는 1878년 그림을 참고로 하여, 놀랍도록 세밀한 화법으로 천황의 초상을 그려냈다. 이것은 거의 우고리니의 그림을 모사한 것이지만, 타카하시 유이치가 우치다 쿠이치의 사진보다 훨씬 강건한 제왕의 용모를 완성하려고 했음을 확연히 알 수 있다.

그러나 문제는 신체의 묘사였다. 타카하시 유이치는 제왕의 초상에 어울리는 위엄을 신체에 부여할 생각이었던 것 같다. 하지만 우고리니의 초상도 어색했지만, 이것을 모방한 그의 그림도 약간은 기계적이라고 말할 수 있을 만큼 직선적인 몸통으로 직립한 부동자세를 취하고 있다. 이러한 점에서 타카하시 유이치는 아직 왕후王侯의 초상이 취하는 몸가짐에 익숙하지 않았다고 볼 수 있으며, 그 결과 『연어鮭』를 그렸을 때와 같은 박진감과 상징성도 표현되지 않았다. 일본인에게 신체는 아직 익숙하

---

125) 9세부터 다니분초파(谷文晁派)의 아라키 칸카이(荒木寬快)에게 일본화를 배우고 1856년에 토사번(土佐藩)의 전속화가가 되었다. 1872년 빈(Wien) 만국박람회에서 『국화도(菊花図)』로 수상하였다. 이후 서양화로 전향하여 유화를 카와카미 도가이(川上冬崖, 1827~1881)에게 배웠다. 이 시기에는 고세다 호류, 타카하시 유이치와 함께 유화 3대 명가로 불렸다. 이후 다시 일본화로 복귀하여 남북합파(南北合派)에 서양풍을 가미한 사실적(写実的)인 화조화(花鳥画)를 많이 그렸다. 1887년에 설립된 일본미술협회의 중진으로 활약하였고 1898년부터 토쿄미술학교 교수를 역임하였다. 1906년에는 영국 RSA(Royal Society for the encouragement of Arts)의 회원이 되었다. 대표작으로는 『공작도(孔雀図)』 등이 있다.

지 않은 영역이었다.

　우치다 쿠이치의 사진은 1872년과 1873년 모두 전신상全身像이었다. 결정적으로 의상과 자세가 다름에도 불구하고 양쪽에서 보여지는 시선은 완전히 똑같았다. 그것은 소위 기계적인 시선 이상의 것이 아니었다. 우치다 쿠이치에게는 상징적으로 변형하는 기술이 빠져있었다. 따라서 오히려 신체는 꾸밈없이 있는 그대로 드러났던 것이다.

　이에 반해 1888년의 천황초상(150면 사진 참조)에는 모델의 나이가 성숙할 뿐만 아니라, 화면의 배치와 자세도 이전의 두 장과 전혀 다른 시선이 움직이고 있다. 모델인 천황 자체 이상으로 사진자체의 구성과 도상図像을 형성하는 시선에서 무언가가 변했다. 이른바 천황을 이상화하는 정치적인 시선이 작용하고 있는 것이다.

제5장

이상적인 메이지천황상

1. 1888년의 초상

당당한 제왕상(帝王像)

1873년과 1888년의 천황초상을 비교해보면, 가장 두드러진 차이는 우치다 쿠이치의 사진에 있었던 신체적 생생함이 사라져버린 것이다. 1888년의 초상은 우선 19세기 유럽에서 매우 일반적이었던 초상화나 초상사진에 가까운 스타일이라는 점을 알 수 있다.

머리 스타일도 확실히 변하여 서양식 이발이 이젠 익숙한 모습을 하고 있고, 천황도 연령과 경험이 쌓여 중후한 모습을 하

메이지천황(키오소네가 그린 그림을 1888년에 마루키 리요가 촬영)

쇼켄황후(키오소네가 그린 그림을 1888년에 마루키 리요가 촬영)

고 있다. 모델이 여러 시기에 걸쳐 초상사진을 찍었을 경우, 젊었을 때 사진과 나이가 들어서 찍은 사진을 비교해보면 완전히 사람이 변한 것처럼 보이는 예가 얼마든지 있다. 메이지천황과 거의 같은 시대의 유럽 국왕을 예로 들어보자. 바이에른^{Bayern} 왕국의 루드비히 2세^{Ludwig II}(1845~1886)는 젊었을 때 궁정사진가 요셉 알베르토^{Joseph Alberto}가 촬영한 사진을 보면 매우 날렵한 미청년이었지만, 그가 만년에 병적인 비만으로 추악한 모습이 되어버린 모습(그렇다고 해도 그다지 많은 나이는 아니지만)은 보는 이에게 충격을 준다.

메이지천황의 경우는 완전히 거꾸로였다. 화면상에서 천황상은 경험이 없는 청년군주에서 당당한 군주로 성숙해 있었다. 그러나 이것은 피사체의 변화만이 아니다. 이것은 동일한 기술로 촬영한 사진 두 장에 비춰진 인간의 차이가 아니라, 화면을 만드는 방법이 전혀 다른 데서 유래한다.

정확히는 전혀 다른 시선의 움직임이 있다고 말해야 할 것이다. 1888년의 초상은 서양의 초상문화가 전해진 이후 근대 부르주아지의 취향에 적응해 온 시선을 느끼게 만든다. 이제는 소박하게 촬영하였던 메이지 초기의 사진이 아니라 제법 초상답게 익숙한 '미소'로 화면 전체가 꾸며지고 있는 것이다. 이러한 미소와 우치다 쿠이치의 사진을 비교해보면 결정적으로 다른 점을 적어도 세 가지 정도 들 수 있다.

힘찬 구도

우선 지극히 단순한 것이지만, 여기에서는 우치다 쿠이치의 사진에서 전혀 의식되지 않았던 것, 즉 화면의 틀에 의해 모델을 의도적으로 오려내는 구도로 되어 있다. 이 초상은 전신상이 아니라 7등신좌상七等身座像이지만, 신체가 화면의 대부분을 차지하고 있다. 신체의 주위에는 쓸데없는 공백이 거의 없고 배경도 생략되어 있다. 그 결과 천황의 신체가 전면에 내세워지면서 육중한 존재감이 강하게 느껴지는 구조로 되어있다.

　전신상으로 할 것인지 아닐 것인지는 본래 초상에 대한 견해의 차이에서 발생한다. 19세기를 대표하는 프랑스의 초상사진가들의 경우에도 인물을 잘라내는 방식이 양쪽 모두 이용되었다. 인물의 사회적 유형effigy(초상) 표현을 주장한 앙드레 아돌프 외젠 디스데리Andre Adolphe-Eugene Disderi(1819~1889)126)의 경우는 배경과 소도구를 이용했기 때문에 전신상을 의도적으로 채용하였고, 모습을 비슷하게 그림으로써 개성적인 내면portrait(초상화)을 표현하려던 나다르의 경우는 배경이 불필요했기 때문에 7, 8등신 또는 반신상이 많았다. 나다르가 남긴 수많은 사진들을 보고 있을 때 느끼는 강한 감동은 어떤 인물도 빠짐없이 개인적이기에 다양한 차이가 드러나게 되고 그 결과 충분히 인간적이기 때문이다. 메이지천황의 초상은 형식적으로는 후자의 방법에 가깝지만, 나다르의 경우와는 전혀 다르게 자연스러운 개성의 표현이 목적은 아니었다. 내용적으로는 초상effigy으로 분류되는 초상사진이었다.

　우치다 쿠이치의 1873년 사진이 무작위한 기념촬영의 수법을

---

126) 1854년에 8장에서 12장의 사진이 동시에 찍히는 '명함판사진'을 고안하였다. 이를 계기로 초상사진의 대중화가 시작되었다.

나다르가 촬영한 보들레르(Charles-Pierre Baudelaire)

나다르가 촬영한 들라크루아(F. V. E. Delacroix)

그다지 벗어나지 않았던 것에 비해, 1888년의 초상에는 이미 초상으로서의 효과를 검증받은 형식으로 눈에 보이는 살아있는 '신체'인 천황을 구성하려는 의식이 분명히 존재했다.

위엄있는 자세

우치다 쿠이치의 사진에서는 천황이 의자에 걸터앉아 있지만, 1888년의 사진에서는 천황이 의자의 뒷받침으로부터 몸을 일으켜 등을 똑바로 펴고 있다. 이렇듯 수직상태로 정면을 향하는 신체의 자세는 많은 민족문화에서 오래 전부터 권력의 자세였고, 이것이 신하들에게 군림하는 위엄을 만들어 냈다. 이 초상사진의 가장 강한 인상은 천황의 자세에서 나오고 있는 것이다.

본래 서구에서 군주가 앉는 큰 의자의 역사는 매우 오래되었다. 이러한 역사 속에서 의자의 형태에 따라 정해진 자세들이 만들어졌고, 여기에서 발생하는 의미의 차이는 정치와의 관계 속에서 해석되었다. 의례적儀礼的인 군주 의자의 등받이는 르네상스renaissance127)까지 대체적으로 머리보다 높고 수직이었다. 바로크baroque128) 이후 의자의 등받이가 비스듬해진 것은 점차 안락함을 추구하는 신체의 생리적·심리적 성향을 반영한 것이지만, 이에 비해 자세에서는 위엄이 사라져 갔다. 당시 의자 등받이의

---

127) '재생·부활'이라는 뜻. 14세기말부터 16세기 초에 걸쳐 이탈리아에서 일어나 전 유럽에 퍼진 예술과 학문상의 혁신운동. 인간성의 존중, 개서의 해방 및 고전 문화의 부흥이 주된 내용이었다.

128) '일그러진 진주'라는 뜻. 17세기 초부터 18세기 중엽까지 서유럽에서 유행한 예술 및 문학양식. 르네상스 시기의 고전적인 균형이나 정적인 경향에 맞선 동적이고 혼란, 불규칙한 표현을 특징으로 한다.

경사는 군주의 위엄과 안락함이 균형을 이루는 각도에서 결정
되었다. 그렇다 할지라도 등받이에 완전히 기대버리면 꼿꼿하고
단호한 인상을 줄 수 없다. 로코코(rococo129))의 쾌락적 세계라면
이러한 자세가 지배적이 되어도 상관없겠지만, 이것은 군주의
위엄이 아니다.

유럽인이라면 몰라도, 서양궁정의 가구나 그 사용방법도 제
대로 알지 못했던 메이지 초기의 일본인 사진가가 1873년이라
는 이른 시기에 의자에 앉는 자세와 권력의 관계에 관한 서구역
사를 몰랐던 것도 전혀 무리는 아닐 것이다.

이에 반해 1888년의 천황초상에서는 실제로 앉아있는 모습은
부자연스러울지 모르지만, 의자의 등받이로부터 몸을 떼고 등을
꼿꼿하게 세워서 위엄을 표현하려는 다분히 의도적인 자세를
취하고 있다. 이것은 인물사진의 궁극적인 의미인 모델의 결연
한 의지가 보이게 만드는 자세이다. 즉 여기에서는 소박하게 천
황의 사진을 촬영하는 것이 아니라 처음부터 '신체'를 위엄과
연결짓는 시각적 표현의 추구가 의도되고 있었던 것이다.

천황의 자세에 관해서는 두세 가지 덧붙이고자 한다. 1888년
의 초상에서 천황은 오른손을 군모(軍帽)가 보이는 옆 탁자 위에
놓고, 왼손으로는 앞에 세운 검의 손잡이를 쥐고 두툼한 가슴을
완전히 펴고 있다. 우치다 쿠이치의 경우는 양손으로 검의 손잡
이를 쥐고 있기 때문에 한쪽 팔이 신체의 앞을 가로지르게 되어
흉부정면이 표현하는 신체의 강인함을 약화시켜버렸다(116면 사

---

129) '자개 장식'이라는 뜻. 18세기 중엽 프랑스 루이 15세 때 등장한 건축·미술
    등의 예술양식, 섬세한 실내장식의 양식이 특색이다.

진 참조). 1888년의 초상이 위엄을 유지하면서도 여유가 있는 신체의 인상을 주는 것은 그 손의 위치에 의한 것이지만, 이는 동시에 가슴 가득 장식된 훈장을 과시하는 효과도 만들었다.

19세기의 초상화가나 초상사진가들은 인품을 자연스럽게 보여주기 위해서 손의 위치에 신경을 썼다. 고상하게 볼을 괴고 있는 여성의 초상을 그린 앵그르^{Jean Auguste Dominique Ingres}(1780~1867)[130]의 초상화나, 나다르의 초상사진에서 가슴부분에 손을 살짝 넣은 부르주아를 표현한 나다르의 초상사진 등을 자세히 보면, 얼마만큼 손동작에 세심한 배려를 기울였는지 알 수 있다. 이러한 손동작은 회화에서 사진으로, 또는 사진에서 회화로 서로 영향을 주고받았다.

기품있는 얼굴 생김새

마지막으로 얼굴 생김새에서 받는 인상의 차이이다. 초상이 살아있는 존재인 천황을 그린 이상, 얼굴 생김새에 관해서는 분명히 천황의 나이가 크게 영향을 끼치고 있다. 눈·코·이마, 그리고 볼에서 턱에 이르는 윤곽 등의 형태를 젊었을 때 사진과 비교해 보면 별반 차이가 없지만 전체적인 인상은 완전히 변하였다. 1888년의 초상은 젊었을 때 사진과 비슷한 것 같으면서도 비슷하지 않다. 보기 좋게 살이 붙어서 기품이 있어 보이는 잘

---

130) 18세기 말 바로크·로코코 미술의 반동으로 등장한 고전주의 미술형식을 대표하는 프랑스 화가. 고전주의 미술형식은 그리스·로마의 미술에서 표현규범을 받아들이고 제재도 고전적인 것을 취하여 형식미를 존중하였으며, 차갑고 안정된 색채가 특색이다.

생긴 얼굴모습이 되었다.

이탈리아 르네상스시대의 건축가이자 이론가인 알베르티^{Leon Battista Alberti}(1404~1472)는 『회화론^{On Painting}』에서 "고대 화가들은 왕을 그릴 때, 모델에게 약간의 결점이 있으면 유사성을 잃지 않는 한도 내에서 될 수 있는 한 그것을 수정하려고 노력하였다"고 지적하고 있다. 즉 알베르티가 왕을 그리는 초상화의 수법 중 하나로 제시하고 있는 것은 있는 그대로 모델을 그리는 것이 아니라 더 품격 높게 그려야 한다는 것이다. 이것은 앞에서 언급한 '초상^{effigy}'과 '초상화^{portrait}'의 구별과는 달리, 왕의 초상은 상징적 또는 이상적이어야 하고 나아가 그 상징성과 용모는 서로 관련되고 있음을 시사한다고 봐도 괜찮을 것이다. 본래 얼굴 표정을 시각적인 의미를 지니는 주제로 파악하게 된 것은 서구에서도 르네상스 이후의 일이다. 이후 유사과학적^{類似科学的}으로 성격론과 관련지어 생각되던 얼굴 생김새는 점차 화가가 시각적으로 표현하는 주된 내용이 되었다. 기괴하게 찡그린 얼굴이나 코의 여러 형태 등을 수기로 남긴 레오나르도 다 빈치^{Leonardo da Vinci}(1452~1519)의 탐구는 잘 알려져 있다. 미술사학자 곰브리치^{E. H. Gombrich} 씨가 지적하고 있듯이, 이로부터 성격을 신랄하게 표현하는 캐리커처^{caricature}라는 방법도 발전하였지만, 여기에서는 이것을 문제시하는 것이 아니다.

우치다 쿠이치의 사진이나 이를 바탕으로 한 타카하시 유이치와 고세다 호류^{五姓田芳柳}(1827~1892)[131]의 유화에서 천황초상의

---

131) 처음에는 우키요에와 카노파(狩野派)의 화법을 배웠지만, 나가사키에서 서양화를 본 뒤 서양화법을 독학하여 독자적인 화양절충(和洋折衷)의 화법을 만들어

표정은 그 굳음이 생생하게 그려졌지만, 이와 비교하면 1888년 초상의 사실성写実性은 훨씬 침착하고 부드러워서 전 미국대통령 그랜트의 수행원 존 러셀 영이 기술했던 어색함도 없다. 다만 여기에는 인간적인 표정 또한 그다지 없다는 점을 강조해 두고 자 한다. 그렇다면 과연 이것뿐이었을까.

초상을 만들어낸 시선

우치다 쿠이치의 사진에서는 천황이 지극히 개별적인 존재로 느껴지는 것에 비해 1888년의 천황초상은 개인적 존재라는 느 낌이 전혀 들지 않는다. 이것은 1888년 어느 날의 천황을 포착 한 것이 아니다. 그 세밀한 사실성写実性에도 불구하고, 변화하는 존재의 한순간이 아니라 존재가 보여주는 모든 변화의 저편에 서 이를 초월하여 구성된 개념적이고 추상적인 '신체'를 유형적 으로 시각화한 것이었다. 즉 살아가는 존재이면서도 초역사적인 '신체'가 화면을 구성하는 수법에 의해서 도상화図像化된 것이다. 만약에 이 '신체'가 그 자세로 인해 권위의 상징일 수 있다면, 초상을 그린 사람의 의식과 상관없이 그 자세를 만들어 낸 시각 적 수법자체가 이미 정치적이었다고 할 수 있을 것이다. 이상화 되어 초인격적으로 표현된 얼굴 생김새에서는 사회적·정치적 인 환경 속에서 사람들에게 받아들여지는 권위의 이미지로 만 들어진 것임을 명백하게 느낄 수 있다.

인간은 다른 어떤 부분보다도 얼굴 생김새에 대해 특별히 민

냈다. 아라키 칸포, 타카하시 유이치와 함께 유화 3대 명가로 불렸다. 대표작으 로는 『세이난역 오사카임시병원(西南役大阪臨時病院)』 등이 있다.

감한 지각을 지니고 있기 때문에, 얼굴 생김새야말로 모델의 자세나 복장 그리고 주위 배경보다도 훨씬 그림 전체 속에서 의미를 통합하는 시각의 정점이 된다. 메이지천황을 그린 초상의 경우에도 우리들의 눈은 우선 얼굴 생김새로 향한다. 얼굴 생김새는 개성적이기보다는 이러한 개별성을 탈피해야만 했던 것이다.

과연 이러한 표현이 당시의 사진기술로 가능했을까. 당시뿐만이 아니라 오히려 사진은 이러한 유형화에 역행하는 성질을 지니고 있지 않았을까. 따라서 화면 전체의 분위기는 19세기의 비더마이어^{Biedermeier}(19세기 초기 부르주아의 평범하지만 실질적인 양식)[132] 이후의 초상화에 가깝다. 즉 이것은 사진이라기보다 서구, 특히 19세기 부르주아 사회에서 지극히 평범하게 사랑받고 있던 초상에 대한 이해를 바탕으로 하고, 어떤 종류의 의미를 담고 있는 유형적 표현에 익숙해진 시선으로 초상을 다룬 도상^{図像}으로 밖에 생각되지 않는다. 여기에는 서구사회의 지배적 인물상을 구성하고 있던 시선이 도달해 있었던 것이다.

---

132) 1815년부터 1848년까지 주로 독일의 남동지역에 두드러지게 나타났던 시민풍속 및 정신적 문화적 경향. 호칭은 시인 아이히로트(L.Eichrodt)가 발표한 작품 속의 인물에서 유래하며 본래는 고지식하고 완고한 인물을 뜻한다.

2. 고용외국인이 그린 초상

'어진영'이 만들어지기까지

1888년의 '어진영'은 카메라로 직접 촬영한 사진이 아니라 손으로 그린 '그림'의 복사였다. 게다가 이것을 그린 사람은 일본인이 아니라 콘테화[133]·석판화·동판화 등의 수법으로 초상제작에 뛰어난 재능을 지녔던 외국인이었다. 즉 1875년에 대장성 지폐료紙幣寮의 초청으로 일본에 온 이후 오랫동안 고용외국인으로서, 지폐원판의 도안과 제작 및 인쇄에 관여하다가 일본에서 생을 마감한 이탈리아인 키오소네가 1888년 1월에 그린 것이다. 완성된 원본을 당시 토쿄에서 가장 유명한 사진가 중 한 사람인 마루키 리요가 키오소네의 지도하에 "몇 차례의 시사試写를 거쳐 수십일 동안"(『明治天皇紀』) 복사한 끝에 '사진'으로 완성하였다. 키오소네의 노고를 치하하기 위해 천황이 식사초대를 한 것이 같은 해 8월이므로 제작에는 상당한 시일이 걸렸다고 볼 수 있다.

일반적으로는 사진으로 통용되고 있는 '어진영'이 왜 이러한

---

133) 콘테(conte)로 그린 그림. 연필의 원조라고 할 수 있는 콘테는 원래 'Crayon de Conte'라 불리는 고형 물감의 한 종류로 프랑스의 화학자이며 화가였던 니콜라 자크 콘테(Nicolas Jcques Conte, 1755~1805)가 만들었다고 해서 창안자의 이름을 따서 콘테라고 명명하고 있다. 제조회사에 따라 초크(chalk)라고도 한다. 전통적으로 천연 소재를 그대로 보여주는 세 가지 색이 사용된다. 콘테는 농담이 풍부하며 옛부터 콘테화로서 하나의 회화분야를 형성해왔다. 크레용과 같은 재질로 데생보다 크로키에 적당하며 연필보다 농도가 진하고 화면의 부착력도 우수하다. 특히 흰색 콘테는 초크라고도 하는데 석회석에 물과 고착제를 섞어 만든 것으로서 목탄이나 콘테로 그린 그림의 밝은 부분을 강조할 때 많이 사용된다.

제작과정을 거치게 된 것일까. 이미 언급한 바와 같이 "천황이 촬영을 좋아하지 않아" 현존하는 사진은 모두 10여 년 전에 촬영한 것뿐이어서 외국 황족과의 사진교환이 불편하였기 때문에 궁내성 측근들의 걱정거리가 되고 있었다. 일찍이 이토 히로부미가 궁내대신이었을 때에도 종종 천황에게 새로운 사진의 촬영을 권했지만, 천황은 왠지 그 말을 듣지 않았다.

히지카타 히사모토의 책략

히지카타 히사모토는 궁내대신이 되자마자 궁여지책을 내놓았다. 그 경위를 『메이지천황기』는 1888년 1월 14일자 항목에서 다음과 같이 적고 있다.

> 히지카타 히사모토는 대신(大臣)이 되자마자 천황 모르게 촬영을 하고 그 책임을 자신이 지기로 맘먹고서, 이를 식부관(式部官) 나가사키 쇼고(長崎省吾, 1850~1927), 시종(侍従) 자작(子爵) 호리카와 야스타카(堀河康隆, 1836~1896) 등과 협의하고 시종장(侍従長) 후작(侯爵) 도쿠타이지 사네노리(德大寺実則, 1840~1919)에게 자문을 구하였다. 마침 1월 14일에 야요이사(弥生社)[134]로 행차가 예정되어 있었으므로 이를 기회로 삼아 키오소네에게 천황을 그리도록 명하였다. 키오소네는 천황이 신하들과 식사하는 옆방에서 문틈으로 천황의 얼굴과 자세 및 담소를 나누는 모습까지 빠짐없이 자세히 그렸다. 이를 바탕으로 원화(原画)를 완성한 후 촬영하였는데, 그 모습은 성스럽고 아름다운 성제(聖帝)의 위용을 당당하게 보여주기에 부족함이 없었다. 히사모토 등은 천황에게 보여드리기에 전혀 부족함이 없다며 크게 기뻐하였다.

---

134) 1874년에 조성된 시바공원(芝公園) 내에 있었던 경찰관 무도연무장. 현재 토쿄도(東京都) 미나토구(港区)에 있다.

이어서 『메이지천황기』에는 히지카타 히사모토가 천황의 허가를 얻기까지의 경위를 설명한 후, "후일 천황의 어진영으로 널리 하사된 것은 이 원화를 토대로 한 것"이라고 적고 있다. 즉 궁내성 측근들이 키오소네에게 스케치하게 하고 이를 바탕으로 천황의 좌상座像을 콘테로 그린 후, 다시 그 원화 중 하나를 복사하여 사진으로 만들어서 '어진영'으로 통용시킨 사실이 의외로 담담하게 적혀 있는 것이다. 이렇듯 담담한 서술에도 불구하고 여기에는 시각적 표현 속에서 전개되는 정치적 기술에 대한 실로 흥미로운 문제가 내재되어 있다.

궁내성 측근들은 "그 모습이 성스럽고 아름다운 성제聖帝의 위용을 당당하게 보여주기에 부족함이 없었다"고 감탄할 정도로 박진감 넘치는 사실적写実的 회화와 사진을 구별하는 감성을 지니고 있었을까. 아니면 어느 쪽이든 같은 것이라고 생각했었을까. 지금도 사실적写実的으로 잘 그린 그림을 보면 '사진처럼' 잘 그렸다고 말하는 사람들이 있다. 이와 같은 사실적 회화와 사진의 혼동은 무엇을 의미하는가. 적어도 이러한 궁내성 측근들의 인식은 언어나 시각을 통해 현실을 탐색했던 메이지 초기의 리얼리스트들이 지녔던 지성과는 질적으로 다른 것이다. 진실의 탐구가 문제시되는 것이 아니라, 모든 것을 정치적 차원에서의 효과 판단에 두고 있었다. 하지만 이것은 사진과 회화의 무차별적인 혼동이 아니라 매우 강한 정치적 전략(무의식적이더라도)에 바탕을 둔 이미지의 인식일지도 모른다.

사진과 사실적 회화의 구별에 관한 메이지정치가들의 감성을 의심하면서 그들의 무지를 비방하는 것은 너무도 단순한 방법이다. 어떤 의미에서는 천황제관료가 기호의 정치적 기능에 대해 모든 것을 인지한 후에 천황의 그림을 '사진'으로 배포했을지도 모르지만, 적어도 완성품이 '사진'이어야 할 필요성만은 충분히 알고 있었던 것 같다.

키오소네가 그린 초상화

아무튼 이날 키오소네는 문틈으로 천황의 얼굴과 모습을 스케치하면서 천황의 순간적인 표정과 몸짓들을 생생하게 관찰하였다. "빠짐없이 자세히 그렸다"는 『메이지천황기』의 서술에서도 알 수 있듯이 많은 스케치가 그려졌을 것이다.

스케치와 그림의 관계는 보통 생각하듯이 초안과 작품이라는 단순한 관계에 머물지 않는다. 그림이 인간에게서 지니는 시야의 의미를, 넓게는 다양한 지각적 경험과 세계의 관계를 자각할 수 있었던 것은 18세기의 스케치에 의해서였다. 당시 대형 그림을 위해 시도된 유채스케치가 다양한 시야에 대응하는 다양한 이미지를 취합하고 자립시켰는데, 이것이 마침내 화면 구성의 해체를 초래하여 새로운 회화로의 길 또는 지각에 관한 이론전체의 변혁을 일으키는 먼 원인이 되었다.

하지만 키오소네의 방법은 거꾸로 한시도 가만있지 않는 인간의 다양한 인상을 종합하고, 이러한 인상을 초월한 유형으로서의 인간을 이미지화하여 그려내는 것을 지향하였다. 더욱이 키오소네는 천황을 어떤 의자에 어떻게 앉히고 어떤 자세를 취하게 할지를 자신이 모두 결정하였다. 물론 정부나 천황의 측근들로부터 바라는 바가 어느 정도 제시되었을지도 모른다. 하지만 있었다

키오소네가 그린 메이지천황

할지라도 그것은 착용하는 복장이나 훈장, 그리고 사용할 소품 정도의 주문이었을 것이다. 전체적인 구도나 천황의 자세는 전적으로 키오소네가 그때까지 축적해 온 초상에 관한 지식을 바탕으로 하는 스타일로 정해졌다고 봐도 무방할 것이다.

당시 그는 매우 비슷한 천황의 초상을 적어도 두 장은 그린 듯하다. 훗날 천황의 '어진영'으로 하사된 사진과 현존하는 키오소네의 그림은 세부적인 부분에서 서로 약간의 차이가 보인다. 굳이 말하자면 복사한 원래 그림은 인물 주위를 조금은 넓게 잡고 배경을 더 구체화하여 사진처럼 그렸다. 또한 당시 그는 콘테로 그린 초상 외에도 군인복장을 입고 서있는 모습을 하나 더 그려서 커다란 동판에 새길 예정이었다. 이것은 그 제작에 어려움이 있어서 겨우 인쇄가 완성된 것은 키오소네가 지폐료를 퇴직한 후인 1893년이었다.

키오소네가 그린 천황초상은 의뢰자를 매우 만족시켰다. 이 정도면 천황도 거부하지 못할 것이라고 생각했을 것이다. 이렇게 말할 수 있는 이유는 우선 이것이 천황을 잘 알고 있는 측근들이 봐도 천황과 매우 닮았고, 또한 천황을 이상화하고 있었기 때문이다. 하지만 여기에서 닮았다는 것은 무엇을 의미할까. 측근의 지각에는 이미 천황에 대한 감정적 이입이 있다. 초상과 모델이 닮았다는 것은 매우 애매하긴 하지만, 우선 세부적으로는 모델과 같은 특징을 찾아낼 수 있다는 것이 최저한도의 조건이다.

키오소네의 이미지는 완전히 그 조건을 충족시켰고, 나아가 가장 바람직한 수정, 즉 천황의 측근들의 기대와 일치하는 수정을 가하여 완성된 것이다. 그 수정이란 대상으로서의 현실을 관념과 이상으로, 또는 달리 표현하자면 시각적인 특징을 언어로 표현할 수 있는 의미와 결부시켜 가는 것이다. 초상의 의뢰자를 만족시켰다는 것은 이러한 조작이 있었기 때문에 가능했다. 키오소네는 이미 이러한 방법으로 메이지 초기의 고위관료들을 대상으로 하는 초상화를 다수 그린 실적이 있었다.

키오소네의 기술

키오소네가 화가로 선택된 이유는 무엇보다도 서양인인 그 이외에 이러한 초상화를 능숙하게 그려낼 사람이 없었기 때문이다. 그의 초상화는 19세기의 부르주아 고객들이 선호하고 소유하고 싶었던, 모사이지만 아무리 봐도 진짜처럼 보이는 보수적 초상화(닮은 그림) 중 하나였다. 이 부분에서 그는 매우 뛰어났다.

궁내대신 히지카타 히사모토 등은 애초부터 사진으로 만들기 위한 원화原画라는 발상을 가지고 있었기 때문에, 유화를 그리는 화가보다 콘테화나 동판화 등으로 사진과 똑같거나 사진 이상으로 이상화하여 초상을 그리는 능력을 지닌 화가가 필요하였다. 게다가 문틈으로 몰래 보면서 인상을 파악할 정도의 기량이 있어야 했다. 키오소네의 뛰어난 초상화 기술은 일본에 온 직후인 1876년에 그린 오쿠보 토시미치와 사이고 츠구미치西郷従道(1843~1902)[135]의 콘테화, 캘리포니아은행장 랠스톤W. Ralston의 석판화

---

135) 사츠마번(薩摩藩)출신. 메이지 전기의 군인·정치가. 사이고 타카모리의 동생. 대만번지사무도독(台湾蕃地事務都督)·문부경(文部卿)·육군경(陸軍卿) 등을 역임하였다.

오쿠보 토시미치의 초상

등과 같은 작품으로 적어도 정부고관들 사이에서는 평가받고 있었다. 이 중 『오쿠보 토시미치 초상大久保利通像』은 그의 많은 초상화 중에서도 가장 뛰어난 것이다. 이것은 오쿠보 토시미치가 파리에서 촬영한 사진을 토대로 제작되었다.

이와 같은 종류의 그림이 지니고 있는 인위성을 이해하는 데 흥미 깊은 사례로는 사이고 타카모리의 초상이 있다. 이것은 1883년에 친척들의 증언을 토대로 하면서 얼굴의 위쪽은 친동생인 사이고 츠구미치를, 아래쪽은 사촌동생인 오야마 이와오(大山巖, 1842~1916)[136]를 참고하여 그렸다고 전해진다. 생전의 사진이 한 장도 남아있지 않은 사이고 타카모리의 초상이기에 이것은 어차피 상상의 산물이다. 만약 들은 대로 그렸다고 한다면 이것은 완전히 몽타주 기법을 이용한 닮은 얼굴 그리기라 할 것이다.

이외에도 천황의 초상을 그릴 화가로 키오소네가 선택된 이

---

136) 사츠마번(薩摩藩) 하급무사 출신으로 메이지 시기·타이쇼 시기의 정치가이자 군인.

오야마 이와오의 초상

사이고 츠구미치의 초상

사이고 타카모리의 초상

유에는, 1886년에 죽은 아리스가노미야타카히토친왕^{有栖川宮幟仁親王} (1812~1886)[137]의 사진을 토대로 그의 초상을 그렸던 실적도 고려되었을 것이다. 또한 당시 파격적인 대우를 받고 있던 고용외국인들이 일본의 예술가나 기술자와 비교하면 실력 이상으로 능력이 있다고 여겨졌던 것도 키오소네가 선택된 이유일지도 모른다.

키오소네의 경력

제네바 근교의 아렌차노^{Arenzano}에서 태어난 키오소네는 제네바의 미술학교를 졸업한 후 동판과 석판 등으로 이름이 알려졌다. 쿠마모토 켄지로^{隈元謙次郎} 씨나 사와 마모루^{沢護} 씨 등이 저술한 키오소네의 전기문을 종합해보면, 일찍부터 동판과 석판의 기법을 실제적인 면에 응용하는 데 관심이 많았던 그는, 당시 지폐 제조기술의 혁신을 도모하고 있던 이탈리아정부에 의해서 독일의 돈도르프사^{Donndorf社}로 파견되어 지폐와 증권제조에 관한 기술을 습득하였다. 일본과의 인연이 만들어진 것도 실은 이때였다.

지폐제조를 생각한 일본정부도 1870년에 돈도르프사에 새로운 지폐의 제작을 의뢰하였는데, 이때 만들어진 '게르만지폐'[138]

---

137) 막말유신기의 황족.

138) 유신 직후에 정부는 재정을 확보하기 위해 태정관찰(太政官札)과 민부성찰(民部省札) 등을 발행하였다. 하지만 당시의 동판인쇄술이 간단했기 때문에 이러한 지폐들이 간단히 복제되는 등 위조지폐가 성행하였다. 이에 정부는 위조할 수 없는 새로운 지폐의 발행을 계획하였지만, 당시 일본에는 위조할 수 없을 정도의 인쇄기술이 없었기 때문에 지폐의 인쇄를 독일의 돈도르프사에 의뢰하게 되

는 당시 이 회사에서 근무중이던 키오소네가 제작한 원판을 이용한 것이다. 훗날 자력으로 지폐를 제조할 계획을 세운 대장성이 지폐료를 설치하고 외국인 기술자를 초빙하려 할 때, 이것이 인연이 되어 키오소네가 선택되었다고 한다. 이러한 경력에서도 알 수 있듯이, 그는 장인적 기질을 지닌 미술가 또는 기술자였다고 할 수 있다. 일본에 온 이후 지폐·증권·우표 등의 고안과 원판조각 및 인쇄제판 기술의 도입 등에 전력을 기울였다. 1877년에 지폐료를 방문한 메이지천황은 키오소네를 불러서 만나보고 그의 일하는 모습을 견학하기도 하였다.

1878년에 발행된 10엔 지폐에는 누구의 아이디어인지는 모르지만 진구황후神功皇后의 초상이 그려졌다. 이것이 일본에서 초상이 처음으로 사용된 지폐이다. 이는 두말할 필요없이 신화적 역사의 부활이라는 당시의 상황을 반영한 발상이다. 실재하는 모델없이 그려진 얼굴 생김새에는 그리는 사람의 문화적 기억이 반영되기 마련이므로, 키오소네가 그린 진구황후는 아무리 봐도 젊은 서양여성의 얼굴을 하고 있다.

그는 복식문양의 고안에도 능숙하기는 했지만, 무엇보다도 초상이 가장 능숙한 영역이었다. 일찌감치 독일에서 영국으로 건너갔던 것도 영국에서 유행하고 있던 메조틴트Mezzotint139)라는

었다. 1870년과 1872년 2회에 거쳐 발주한 지폐는 백원, 오십원, 십원, 오원, 이원, 일원, 반원(半円), 이십전(二拾錢) 일십전 등 9종류였으며, 합계 1억 원이 넘는 금액이었다. 당시 서민들 사이에서는 색감이 없던 과거의 지폐와 달리 새로운 시대의 도래를 예고하는 듯한 모던한 색감의 이 지폐를 '게르만지폐'라 불렀다.
139) 동판화의 기법 중 하나인 메조틴트는 판면에 무수한 점이나 선으로 잉크가 고이게 만들어 놓고 이것을 스크레이퍼나, 버니셔 같은 도구로 뭉그러뜨려서 화

10엔 지폐에 그려진 진구황후의 초상

초상기법을 습득하기 위해서였다.

석판이나 동판 등으로 제작하는 초상화는 당시 이미 완전히 실용화되어 있던 빅토리아시대의 사진과 경쟁하고 있었다. 이러한 석판이나 동판은 대상을 노골적으로 묘사해버리거나 아니면 흐릿하게 만드는 사진보다 명쾌하게 그려내면서도, 결점을 교묘하게 없앰과 동시에 미술품처럼 만들 수 있다는 점에서 수요가 많았다. 더군다나 유화보다 훨씬 싼값이었으며, 기술적으로 뛰

면을 밝게 만들어 가는 기법이다. 부드럽고 섬세한 화면을 원할 때 이 기법을 쓴다. 이 기법은 독일 태생인 루트비히 폰 지겐(Ludwig von Siegen, 1609?~1680?)이 17세기에 네덜란드에서 발명했지만, 얼마 후에는 거의 영국에서만 이용했다. 이 기법은 무척 힘이 들기 때문에 창작품에는 적당하지 않았지만, 화려한 검은색과 미묘한 색조 변화, 그리고 특히 다색 판화를 만들기 쉽다는 이점 때문에 그림을 복제하는 데는 이상적인 수단이 되었다. 17세기와 18세기 및 19세기 초까지 메조틴트는 일반 사람들이 주요미술가의 그림을 접할 수 있는 유일한 수단이었다.

어난 장인적 예술가라면 사진 이상으로 부르주아의 취미였던 미니어처^{miniature} 초상을 만들어낼 수 있었다. 또한 이미 사진이 있기 때문에 이것을 이용하면 모델을 직접 보고 그리는 것에 비해 훨씬 쉬웠다. 사진기술이 발전하여 한층 더 일반화되면 금방 사라질 운명에 있었음에도 불구하고, 19세기 서구에서는 석판과 동판에 의한 초상화의 수요가 아직 시들지 않았던 것이다.

초상화의 이점

아직 여러 가지 이유로 사진을 싫어하는 사람도 있었다. 실제로 초기의 사진은 노출시간도 길고 색에 대한 반응이 균질적이지 않았기 때문에, 때로는 요상한 모습으로 완성되기도 했다. 나다르는 『내가 사진가였을 때^{When I was a photographer}』(1900년)라는 회고록에서, 사진을 찍은 손님, 특히 남자 손님들 중에는 건네받은 사진을 보고 "이것은 내 사진이 아니다"라며 화를 내거나, 심한 경우에는 다른 사람의 사진을 본인사진으로 착각하는 경우도 있었다고 적고 있다. 이러한 손님들은 자신의 얼굴을 거울 속에서 좌우가 바뀐 상태로밖에 본 적이 없었고, 그 이상으로 자신의 얼굴에 어떤 일정한 이미지를 만들어서 살고 있었던 것이다. 이러한 손님들의 입장에서는 자신이 생각하던 얼굴대로 그려주는 석판 쪽이 기술의 치밀함이 주는 매력과 함께 미적인 설득력을 지니고 있었다.

사정은 일본에서도 똑같았다. 『마루마루친분^{団団珍聞}』140)에는 사

---

140) 1877년 3월 24일에 히로시마출신 사족 노무라 후미오(野村文夫)의 마루마루사 (団団社)가 창간한 풍자주간지. 영국의 풍자잡지 『펀치(punch)』를 모델로 삼아 풍

진을 찍는 손님에 대해 "참으로 못생긴 얼굴이 순식간에 유리 위로 옮겨지고 나면, 자신의 얼굴이 못생긴 건 생각하지 않고 오로지 사진사의 기술만을 평한다"는 글이 등장할 정도였다.

키오소네는 19세기의 서양에서 수없이 존재했던 평범한 화가 중 한 명으로서 미술사에 이름을 남길 만한 예술가는 아니었지만, 오쿠보 토시미치처럼 실제로 본 것만 아니라 사이고 타카모리처럼 실제로 보지 못한 것도 매우 치밀한 묘사력으로 실재하는 것처럼 그려내어 진짜와 같은 인상을 줄 수 있는 기량을 지닌 자였다. 이 시선은 19세기 서구사회에서 귀족이나 부르주아의 초상, 그리고 예수와 가난한 자의 삽화를 그릴 때 사용되었던 기법에 내재된, 본질적으로는 유형화된 시선이었다. 히지카타 히사모토는 적절한 사람을 고른 셈이었다. 키오소네는 천황의 초상을 그리는 데 안성맞춤인 화가였던 것이다.

한편 이렇듯 낯선 나라의 한 미술가에 의해 만들어진 '초상'만큼 일본의 정치적 역사에 영향을 끼쳤던 이미지도 없었다.

자화 등을 게재하였다. 창간호의 초판은 5,000부였고 금방 3,000부를 증쇄할 정도로 인기를 끌었다. 1907년 7월 27일의 1654호로 휴간되었다. 이후 월간지 『마루친(団珍)』으로 복간되었다가 1908년 1월호로 종간되었다.

3. 상징으로서의 신체

사진과 그림

'어진영'이 사진이 아니라 그림이었다는 사실에는 여러 문제가 포함되어 있다. 하지만 우선 여기에서는 이러한 사실을 전제로 다시 그 이미지를 재검토해보도록 하자. 키오소네의 초상화와 우치다 쿠이치의 사진을 좀 더 자세히 비교해 봄으로써, 이 두 가지의 시선과 정치적 환경이 서로 어떻게 관련지어져 있었는지 생각해보도록 하자.

첫째, 우치다 쿠이치의 경우는 어디까지나 '사진'이었다. 정확한 촬영날짜와 장소는 모르지만, 어떤 날엔가에 우치다 쿠이치가 설치한 카메라 앞에 천황이 앉아 있었다는 과거의 행위를 분명히 말해주고 있다. 사진은 과거에 실제로 천황이 카메라에 노출되었던 것을 의심하지 않게 만든다. 사진은 과거의 현재화이다. 따라서 우치다 쿠이치의 사진이 아무리 소박하고 유치하다고는 해도 사진만이 지니고 있는 독특한 현실성, 즉 명백히 현실을 살고 있던 천황의 용모와 신체에 사람들의 흥미가 끌리게 된다. 여기에서 천황은 이상화될 필요도 이상화할 방법도 없다.

실제로는 이 사진의 감성적 경험 쪽이 키오소네의 콘테화를 보는 경험보다 새로운 시대에 속하는 것이다. 시대의 커다란 흐름은 사진에서 콘테화로가 아니라 오히려 콘테화에서 사진으로 움직이고 있었고, 정부가 키오소네의 기법을 채용한 것은 시선의 역사를 역행하는 것이었다. 하지만 이러한 낡음이야말로 천황의 초상을 작성하는 데 적절한 기법이었다.

이리하여 키오소네의 초상을 볼 때, 사진이 처음으로 지니게 된 '그때 촬영했다'라고 하는 시간성은 사라져 버린다. 천황은 근대적인 군복으로 무장된 '신체'로 보이도록 표현되어 있는데, 이러한 이미지는 시간 속에 있는 개별성이 아니라 기법에 의해서 만들어진 초월적 존재였다. 이제 더 이상 모델을 참조할 필요가 없어진 것이다. 이에 대해서는 앞에서 인용한 에티앙느 길슨 씨의 연구를 참조하길 바란다(122~123페이지).

이 도상^{図像}의 각 부분은 놀라울 정도로 세밀한데, 이는 역설적이게도 우치다 쿠이치의 '사진'이 신체를 생생하게 보여주고 있는 것과는 전혀 다르게 완전히 비현실적 이미지이다. 게다가 모델은 이제 성년이 되어서 너무 어리지도 너무 늙지도 않다. 이것이야말로 시간을 초월한 성상^{聖像}의 모델이라 할 수 있다. 키오소네가 천황의 초상을 그린 시기는 매우 적절했다고 할 수 있는 것이다.

국왕의 신체가 지니는 이중의 역할

독일의 역사가(나중에 미국으로 이주) 칸토로위츠^{Ernst H. Kantorowicz} 씨는 『국왕의 두 신체^{The king's two bodies}』(1957년)라는 흥미로운 책에서, 국왕의 신체가 이중의 역할을 하고 있음을 지적하였다. 이중의 역할이란, 국왕의 신체가 살다가 죽는 존재인 것 외에, 시간이 흘러도 변하지 않는 신체적 모습이 신성한 존재로 다뤄지면서 왕국의 버팀목 역할을 한다는 것이다. 인간으로서의 국왕과 왕권을 지니는 국왕을 분명하게 구별함과 동시에 양쪽을 결합시키는 존재가 '국왕의 신체'인 것이다. 칸토로위츠 씨에 따르면, 서구의 경우 이러한 결합은 중세 이래의 신학을 토대로 하는 법적 기반 위에서 성립했기 때문에, 근대에 들어서면 군주는 신성하므로 침범할 수 없는 존재라는 각국의 헌법규정으로 변형되어 갔다고 한다.

그러나 이러한 서구의 근대헌법에 규정된 신성불가침성은 국왕이 법적으로 소추당하지 않는다는 것 이상의 의미는 아니었다. 즉 근대는 무엇보다도 시민사회의 성립이었고, 국왕이 존재한다 해도 이것은 이전 국왕들에 대한 기억에 의존하는 반면, 이미 실질적으로 국왕자신은 부르주아로 변신해 있었다. 이러한 국왕들의 초상을 보면 모두가 부르주아로서의 초상이었다. 천황의 초상도 이것들과 동일한 수법으로 그려졌다. 그럼에도 불구하고 천황은 부르주아로 변신하지 않았다. 천황의 초상은 서구 군주의 초상과 다른 맥락 속에 놓이고 예배대상으로까지 숭배되었던 것이다.

어떤 상징이든 일정한 환경에 처해짐으로써 비로소 명확한 의미로 받아들여지게 되고, 이를 통해 사람들의 감정을 끌어내는 능력을 지닌다. 일찍이 서구의 국왕이나 군주를 그렸던 대형 양식의 초상화도 정치적 상징이었지만, 이것도 그 절대적인 권력을 배경으로 생각해봤을 때 비로소 '이중의 신체'를 지닌 권력으로 이해된다. 만약에 현실적 힘을 상실하면 이러한 국왕들의 거만함은 어릿광대로밖에 보이질 않게 된다. 따라서 '국왕의 신체'가 지니는 이중성은 신체의 속성이 아니라 어떠한 왕권인

가에 의해 만들어지는 것이다.

이렇게 보면 서구근대의 국왕들을 헌법이 규정했던 의미인 신성불가침성보다 칸토로위츠 씨가 말하는 고대^{archaic}적인 '국왕의 신체'가 지니는 이중성 쪽이 일본의 근대천황을 생각하는데 시사적이라 할 수 있다. 이러한 이중성이야말로 지금까지 검토해온 천황의 초상이 지향한 것은 아니었을까. 천황이 초상으로 된다는 것은 신체의 시각화를 의미하는 이상, 천황은 반드시 '살아있는 신체'이어야 함과 동시에 천황제국가의 기저에 존재하는 초역사적인 또 하나의 '신체'이기도 해야 했다. 그저 사진에 불과한 사진을 찍은 우치다 쿠이치의 경우와 달리, 키오소네가 이중적 의미를 지니는 상징으로 천황의 신체를 화폭 속에 표현할 수밖에 없었던 필연성이 여기에 있었다.

'초상'과 '심벌'

키오소네의 그림이 그려지기 1년 전, 즉 헌법초안의 제정을 둘러싸고 이토 히로부미, 이노우에 코와시^{井上毅}(1843~1895),[141] 이토 미요지^{伊藤巳代治}(1857~1934),[142] 카네코 켄타로^{金子堅太郎}(1853~1942)[143] 등의 작업이 진행중이던 1887년에, 그 중심인물인 이노우에 코와

---

141) 메이지 전기의 관료·정치가. 사법성 관료로 프랑스와 독일에 파견되었던 경험을 바탕으로 오쿠보 토시미치와 이토 히로부미의 브레인으로 활약하며 제국헌법·교육칙어·군인칙유의 기초를 담당하였다.

142) 이토 히로부미에게 인정받아 제국헌법의 제정에 참가하였다. 1899년에 추밀원 고문관이 된 후 추밀원에 세력을 형성하여 소화 시기의 정치에 많이 관여하였다.

143) 미국에 유학한 경험을 바탕으로 이토 히로부미를 도와 제국헌법의 기초에 참가하였다. 러일전쟁 중에는 미국에 파견되어 전시외교와 강화조약체결에 큰 역할을 하였다.

시가 당시의 고용외국인 법률가 헤르만 뢰슬러 Hermann Roesler(1834
~1894)와 앨버트 모스 Albert Mosse(1846~1925)에게 '제국대권帝国大権'에
관해 질문을 했는데, 이때의 질문지는 "국왕은 국권의 초상 symbol
이다"라는 문구로 시작하고 있다. 여기에서 '초상'이라는 단어가
쓰이고 있다는 것이 매우 놀랍다. 이것은 무엇을 의미했던 것일
까. 이 '초상'이라는 단어에는 '심벌 シンボル, symbol'이라고 후리가나
ふりがな가 달려 있어서 더욱 눈길을 끈다. 이노우에 코와시가 일본
어로는 '초상'이라고 쓰고, 외국어로는 왜 '심벌 symbol'이라고 썼
는지 알 수는 없다. 이렇듯 이중적으로 사용된 '초상 symbol'이라는
단어에 대해서는 칸토로위츠 씨가 말하는 '국왕의 신체'가 지니
는 이중성과 비슷한 생각을 이노우에 코와시가 지니고 있었으며,
이것을 헌법과 관련짓는 매개로서 이노우에 자신이 만들어 냈다
는 인상을 지을 수 없다. 그렇다면 이노우에 코와시로서는 살아
있는 신체로서의 천황을 우선 '초상'이라고 말하고, 여기에 그
신체에 포함되어 있는 또 하나의 추상적인 신성함을 '심벌'이라
고 말하면서 국가를 지탱하는 신체와 겹치도록 했을지도 모른다.
　그러나 이와 같은 단어가 등장하는 것도 이미 천황의 초상사
진이 대외적으로 독립국가의 상징으로 기능하고 있음을 알고
있었기 때문이다. 헌법에서 천황을 규정하는 게 옳은지라는 어
려운 문제에 부딪쳤을 때, 이노우에 코와시의 뇌리에 천황의 초
상사진이 스쳐 지나갔던 것이다. 한편으로 이노우에 코와시는
법으로 천황을 규정하는 것에 대해 의문을 품지 않을 수 없었
다. 헌법의 사상은 어디까지나 근대적인 기반 위에 세워지기 때
문이다. 하지만 이와 동시에 많은 법률가들은 국가가 근대에 들

어서 있는 이상, 헌법으로 규정하지 않고서는 천황의 존재, 즉 국가 그 자체의 근저로부터 애매한 존재가 만들어지는 것을 느낄 수밖에 없었다.

신성불가침의 천황

1875년 즈음부터 등장하기 시작한 관민 양쪽의 헌법시안은 서구헌법의 영향을 받은 탓인지, 우에키 에모리植木枝盛(1857~1892)[144]의 시안을 제외하고는 대부분이 천황의 신성불가침성에 관한 조항을 포함하고 있었다. 하지만 천황을 일본식으로 신화화하면 할수록 근대국가로서의 헌법에서 천황을 어떻게 규정할지는 서구와 달리 커다란 문제가 되었다. 이러한 것은 무엇보다도 이노우에 코와시의 초안이 천황에 관한 조항을 포함하지 않았던 것에서도 이해할 수 있다. 일본주의자였던 이노우에 코와시는 통치의 논리를 '다스리다しらす'[145]와 '지배하다うしはく'[146]로 나누고, 전자는 권력항쟁을 초월한 군민일체주의이고 후자는 위력에 의한 지배형태라면서 천황의 경우는 '다스리다'라고 규정지었다. 만약에 '다스리다'라면 어떻게 법적으로 명기해야만 하는가. 앞에서 인용한 이노우에 코와시의 질문에 대해 헤르만 뢰슬러는 다음과 같이 답하였다.

---

144) 토사번(土佐藩) 출신의 사상가·정치가. 자유민권운동의 이론적 지도자. 이타가키 타이스케(板垣退助, 1837~1919)와 함께 자유당을 창설하였다. 주요 저서에 『민권자유론(民権自由論)』, 『천부인권변(天賦人権弁)』 등이 있다.
145) '知らす'는 공평무사한 통치의 형태로서 다스린다는 의미임.
146) '領く'는 사적인 소유를 통해 지배한다는 의미임.

모든 헌법은 국왕을 범할 수 없다는 조항을 포함하고 있다. 어떤 헌법에서는 여기에 신성하다는 문구를 추가하고 있다. 하지만 이 문구는 법률상의 효력을 지니지 않는다. (…중략…) 그러나 이것 때문에 국민은 국왕도 헌법에 의해서 비로소 만들어지는 존재라는 사상을 가지게 될 우려가 있다. (…중략…) 따라서 황제의 신체는 범할 수 없다는 조항을 헌법에 넣어야 한다.

헤르만 뢰슬러가 이노우에 코와시에게 헌법의 규정에 의해서 천황의 신성함이 발생한다고 생각해서는 안 된다고 한 것은, 법은 이미 기성사실을 규정하는 것이지 이것에 의해서 국가의 형태를 허구fiction로 만들어내는 이데올로기가 아니라고 말하려던 것일 것이다. 따라서 헤르만 뢰슬러가 천황의 '신체'는 법적으로 특별히 보호받아야 한다고 말했을 때, 이 법률가가 말하는 '신체'는 더 이상 칸토로위츠 씨가 말하는 '국왕의 신체'가 아니라 그저 실재적인 신체에 다름 아니었다.

하지만 결국 메이지헌법은 천황을 규정하고 그 신성불가침성을 강조하였다. 이것은 제정에 관련된 법률가들이 천황에 대한 규정을 넣지 않고서는 안심할 수 없었기 때문일지도 모른다. 어떤 의미에서 이것은 천황을 일종의 기관으로 간주하는 사고방식과 관련되어 있었을지도 모른다. 훗날 미노베 타츠키치美濃部達吉(1873~1948)[147]의 천황기관설이 등장하는 먼 원인은 오히려 메이

---

147) 입헌군주제 옹호를 위해 천황기관설을 주장하며, 당시 지배적이었던 우에스기 신키치(上杉慎吉, 1878~1929) 등의 천황주권설과 논쟁을 펼쳤다. 또한 이러한 입장에서 정당내각제를 이론적으로 지원하였다. 하지만 1935년부터 시작된 천황기관설배격운동에 의해 저서 『헌법촬요(憲法撮要)』가 발매금지당하고 귀족원의원도 사직당했다.

지 법률가들의 사상에 내재하고 있었을지도 모른다. 그러나 일반인들을 향해서는 이 규정을 통해 천황의 신성불가침성이 확실히 시작되었다. 천황의 초상도 이러한 맥락 속에 놓여있던 것이고, 이는 분명히 이중의 신체를 지니고 있었다.

초상을 신성하게 만든 것

대부분의 유럽 각국이 헌법에 국왕이나 황제의 신성불가침성을 규정했던 것은 사실이지만, 그러한 근대군주들의 초상사진은 칸토로위츠 씨가 말하는 '국왕의 신체'와 달리, 일찍이 지니고 있었던 국왕들의 우주론적 또는 우의적寓意的인 도상성図像性을 상실하고 어디서든 볼 수 있는 부르주아와 다르지 않은 일상적인 인상만을 지니게 되었다. 하지만 이것이 결정적으로 부르주아적이었다는 것은 도상적 특성만이 아니라, 이것이 자유롭게 매매됨으로서 예배를 받는 상황에 결코 놓이지 않았던 점에서도 분명했다.

1888년의 천황초상도 이미 언급한 바와 같이 지극히 온화한 부르주아적 취향의 세밀화적인 수법으로 묘사된 도상이고, 분명히 초시간적이긴 하지만 이것을 정치로부터 분리해보면 사람을 위협하면서 지나치게 신성한 신체를 과시는 것으로는 받아들여지지 않는다. 따라서 이것이 신성한 '신체'로 받아들여지게 만들기 위해서는 어떤 종류의 자장磁場과 같은 정치적 공간에 놓일 필요가 있었다. 이 공간 속으로 들어가면 사람들은 좋든 싫든 초상에게서 신성함을 느끼게 된다. 이것이 다음 장에서 언급할 초상의 취급방식과 그 의례성儀礼性에 의해서 앞으로 일본전체에 만들어지게 되는 정치적인 공간장치이다.

이렇게 보면 유신 이래 천황을 눈에 보이는 존재로 만들려던 정치의 기술이 근대화과정 속에서 우여곡절을 거치면서 사진에 도달하고, 이제 근대국가 속에서 그 사진을 도상図像의 내용 그 자체보다도 천황제국가를 지탱하는 상징적 신체로 느끼게 만드는 장치를 만들어내는 기술=정책으로 변용하기 시작했다고 말할 수 있을 것이다.

내용이 비약하는 듯하지만, 사람들이 천황에게서 '국왕의 신체'가 지니는 이중성을 가장 느끼게 된 것은 메이지천황의 죽음에 직면했을 때일 것이다. 이때 천황의 상태가 국민들에게 과잉적으로 전해졌던 것도, 한편으로는 죽을 수밖에 없는 존재임을 인정하면서도 이를 통해 '옥체玉体'를 인간으로서의 죽음을 넘어서 초월적인 존재로 인상지으려고 했기 때문일 것이다.

가부장적 군주제와 초상

키오소네의 초상이 지니는 19세기적 초상화의 인상에 대해 조금 더 검토해보도록 하자. 키오소네의 초상은 분명히 그림으로서는 위압적이거나 특별한 존재를 강조하는 것이라고 할 수 없었다. 이것은 예를 들어 홀바인H. Holbein(1497~1543)[148]이 그린

---

148) 독일 화가. 홀바인(Hans Holbein, 1465?~1524)의 아들이며, 독일 르네상스를 대표하는 화가이다. 1515년부터 1526년까지 바젤에 체재, 이탈리아·영국 등지를 여행하면서 초상화를 그렸다. 레오나르도 다 빈치와 A. 만테냐의 영향을 받아 독특하고 명쾌한 고전적 화풍의 기초를 구축하였으며 투철한 사실적인 관찰과 뛰어난 기교로 의상의 재질감까지 교묘하게 나타내었다. 1532년 이후 헨리 8세의 궁정화가로서 활동하며 왕·왕비들의 초상화를 그렸다.

헨리8세^{Henry Ⅷ}(1491~1547)의 초상처럼 오만하게 세상 모든 것을 깔아뭉개는 전제군주적 이미지가 전혀 없을 뿐만 아니라, 리고^{H. Rigaud}(1659~1743)¹⁴⁹⁾가 그린 루이 14세처럼 한껏 화려함으로 자신을 과시하는 분위기도 없다. 훈장은 빛나지만 입고 있는 것은 보통 군복이다.

특별히 의외라고 할 수는 없지만, 이 초상에서는 훈장과 군복의 주름 및 기타 여러 '물건'들이 매우 세밀하게 그려져서 강한 이미지의 실체감을 주고 있는데, 이는 전체적으로 사실적인 인상을 만들어 내고 있다. 키오소네는 이러한 것들을 자신의 몸에 직접 붙이고 사진을 촬영하였다. 체형이 완전히 다르기 때문에 세세한 부분을 사실적으로 그리는 데 참고로 하기 위함이었을 것이다. 이러한 사실성을 느끼는 지각 속에서 얼굴의 생김새도 재인식된다. 사나운 눈빛은 없어졌으며 중후하고 의지가 강고한 표정을 정점으로 하는 신뢰할 수 있는 당당한 신체, 그리고 그 자세의 위엄과 부드러움이 전체적으로 느껴지게 된 것이다.

이 도상^{図像}에는 메이지의 정치적 세계에서 가장 중요한 기능을 담당하는 또 다른 하나의 상징도 드러나 있다. 이 초상에 의해서 천황은 이전의 미숙한 청년군주에서 국민의 '가부장^{家父長}'인 군주로 이행하였던 것이다. 이 초상을 보는 경험은 가부장을 보는 전통적 감정으로 이어진다. 이 감정은 일본의 정치적·사

---

149) 프랑스 화가. 몽펠리에 리옹에서 그림수업을 한 뒤, 1681년에 파리로 가서 이듬해 로마상을 획득했지만 역사화가가 아닌 초상화가가 되기 위해 이탈리아로 가는 것을 단념했다. 1688년에 왕실의 주문을 받았고 1690년부터 궁정을 위한 초상화만 그렸다. 17세기 말의 바로크 양식을 반영하여 반다이크풍의 중후하고 호사한 작품을 그렸다. 1700년에 아카데미 회원이 되었다.

회적 생활의 심층에 있었던 가족주의와 손쉽게 결합되어 갔다. 천황을 법적으로 규정할 당시, 정치가와 법률관료들이 안고 있던 불안한 문제는 '천황의 초상' 그 자체의 이러한 성격에 의해서 해결되었던 것이다.

메이지 시기의 국체

본래 가부장에 대한 존경을 포함한 일상적 덕목은 이미 훨씬 이전부터 노골적으로 메이지국가의 형성과정에 깊이 파고들어서 중요한 기능을 담당하고 있었다. 오쿠보 토시미치나 키도 타카요시 등도 일찌감치 국가형성의 초기방침을 버리고 이러한 전통에 의존하게 되었지만, 유학자 모토다 나가자네가 이 도덕을 정치화하는 사상의 대표적 인물이었다. 이 덕목은 많은 학자·이데올로그·정치가들에 의해서 몇 년 뒤인 1890년에 발포되는 교육칙어로 결실을 맺게 된다.

정치적 입장은 민주주의적으로 보여도, 천황에 대해서는 거의 유학자와 다르지 않은 감정을 지니고 있던 후쿠자와 유키치福沢諭吉 (1834~1901)[150]는 정체政体와 국체国体를 확실히 분리한 후 국체를

---

150) 메이지 시기의 사상가·교육자. 토쿄학사회원(東京学士会院, 현재 일본학사원 (日本学士院)의 초대 회장.케이오의숙대학(慶応義塾大学) 창립자. 처음엔 오가타 코안(緒方洪庵, 1810~1863)에게 네덜란드학[蘭学]을 배웠으나, 1859년 미일수호 통상조약 체적이후 영학(英学)으로 전향하였다. 이후 막부사절단의 일행으로 3회에 걸쳐 구미를 다녀왔다. 이대의 경험을 바탕으로 『서양사정(西洋事情)』 등을 저술하고 메이로쿠사(明六社)를 통한 계몽활동을 시작하였다. 1882년에는 『지지신보(時事新報)』를 창간하여 독립자존과 실학(実学)을 주장하였지만, 이후 탈아입구(脱亜入口)와 관민조화를 주장하였다. 주요저서에 『학문의 권장(学問の すすめ)』, 『문명론의 개략(文明論之概略)』 등이 있다.

존중하였다. 그는 1882년에 저술한 『제실론帝室論』에서 "제실은 정치적 결사 밖"에 있으므로 "정치상의 여러 중요한 일에 직접 관여하지는 않지만, 모든 정치를 통치하는 것"이라고 하였고, 1888년의 『존황론尊皇論』에서는 천황의 '비교할 수 없는 존엄함'을 더욱 강하게 주장하였다. 이러한 몰이론沒理論에 놀랄 필요는 없다. 메이지 초기에는 계몽주의자라 하더라도 천황의 존재에 대해 회의를 품거나 천황에 대한 외경심을 지니지 않은 자가 거의 없었다. 이러한 회의를 품을 수 있으려면 엘리트로서 지배기구에 관여하지 않는 것이 필요했다. 국체와 정체의 분리론이 이미 천황제를 지탱하는 정치기능을 지닌 일종의 이데올로기였다는 점은 말할 필요도 없다.

슈타인Lorenz von Stein(1815~1890)151)은 메이지헌법제정 후 이토 미요지에게 보낸 편지에서 일본헌법의 특수성을 지적하였다. 특히 헌법발포의 포고문과 칙어가 헌법의 일부인 점에 대해서 "신민臣民에게 이러한 칙어를 발포하는 것을 보건대, 일본의 황제폐하는 그저 황제에 그치는 것이 아니라 신민의 아버지임을 확인할 수 있다"고 적고 있듯이, 일본의 천황에게 '가부장'으로서의 상징성이 있다는 점을 인정하였다. 그는 일본헌법과 그 전문前文의 성격차이 및 모순을 인정했지만, 어떤 의미에서 국가에는 국가를 운영하는 근대적 법체계 이외에, 국가를 지탱하는 사회생활의 감정 및 전통과 분리될 수 없는 무언가가 있다는 점도 느꼈던 것은 아니었을까.

---

151) 독일의 국법학자. 헌법조사를 위해 유럽을 방문한 이토 히로부미에게 헌법학과 행정법을 강의하였다.

헤르만 뢰슬러의 스승이었던 슈타인은 이미 모순을 감출 수 없는 근대적인 사회문제와 국가라는 제도의 대립을 조정하는 역할로서 군주를 생각하고 있었던 듯한데, 이것을 일본의 군주제에서 기대했던 것은 아닌가 하는 생각이 든다. 구태여 말하자면 슈타인도 정체와 분리된 '국체'가 기능하는 모습을 보고 있었을지도 모른다. 단 이 경우의 '국체'는 사회적 생활양식을 의미하고 있었다고 생각된다.

초상의 사회 침투

천황의 도상図像이 상징하는 것은 단순한 신성함과 이중의 신체만 아니라, 민중이 경험하는 사회생활의 깊은 지층과 관련되기 시작하였다. 가장 작은 사회단위(예를 들어 이에家152))의 생활윤리와도 대응하였다.

1888년의 초상은 그 스타일을 통해 시각적이면서도 거의 정치적 언어처럼 구성되었고, 나아가 직관할 수 있는 비非언어적 이미지가 되었다. 따라서 근대일본의 정치와 법률의 움직임 속에서 천황의 존재를 둘러싸고 발생하는 다양한 모순된 요소를 동시적으로 통합하고, 지극히 통속적인 도상 특유의 친밀감을 매개로 하여 이질적인 의미를 부지불식간에 사람들의 심리에 뿌리내리게 만들었다. 그 결과 천황제 정치의 이론과 '이에家'의 논리를 결합시킴으로써 정치의 심층을 감각적으로 구성할 가능성을

---

152) 메이지민법에 채용된 가족제도 '이에'는 호주와 가족으로 구성된다. 호주는 '이에'의 통솔자이고 가족은 '이에'를 구성하는 자들 중 호주가 아닌 자를 말한다. 에도시대에 발달한 무사계급의 가부장제적인 가족제도를 기초로 하고 있다.

제공하였던 것이다. 극단적으로 말하면 '이에'가 국가로 확대되고, 훨씬 훗날에는 이것이 세계로까지 확대될 가능성이 발생하였다(태평양전쟁의 정당화였던 팔굉일우八紘一宇의 사상이 그 예이다).

필시 정부는 이 도상이 완성됨에 따라, 비非엘리트층을 포함한 사회의 저변으로 '어진영'을 확대하여 하사하고 이를 통한 효과가 충분히 예측가능하다는 자신을 지니게 되었을 것이다. 1889년 12월에 문부성 총무국은 이제까지 도청이나 부현립학교에만 하사되어 왔던 '어진영'을 앞으로는 우수한 고등소학교高等小学校153)에 한해 하사한다는 통달을 발표했고, 이후 이러한 하사는 보통의 소학교로까지 확대되어 갔다.

---

153) 1886년 소학교령에 의해 설치된 고등소학교는 수업연한이 4년인 심상소학교를 졸업한 후 입학하는 후기초등교육·말기중등교육기관의 명칭이다. 1900년에 소학교령이 개정되어 고등소학교의 과정은 2년 또는 4년이 되었지만, 이후 수차례의 변천을 거쳐 1907년에 심상소학교가 6년간, 고등소학교가 2년간으로 되었다. 1941년 국민학교령에 의해 국민학교가 설치된 후 사라졌다.

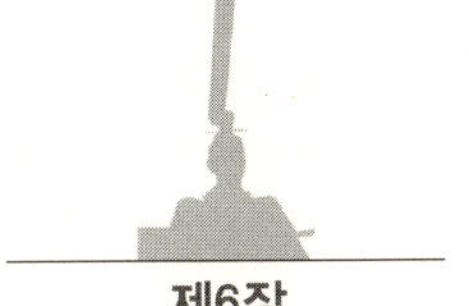

제6장

'어진영'이 만들어낸 정치공간

1. '어진영'의 하사

새로운 단계로

1889년부터 키오소네가 그린 원화를 토대로 제작된 새로운 사진이 초등교육기관에 하사되기 시작하였다. 이 시기에는 1872년 이후 6회에 걸쳐 실시되었던 대규모 순행이 더 이상 실시되지 않고 있었다. 소규모 행차는 종종 있었지만 대규모 순행은 그 고전적인 역할을 일단 다했다고 볼 수 있다. 천황의 행선지는 전국을 대상으로 삼았는데, 이 중 적어도 천황의 일행이 지나간 길에 사는 주민들은 직접 천황을 보는 경험을 했을 것이다. 하지만 이 이상으로 중요한 것은 천황의 시각화와는 역관계, 즉 천황이 민중을 본다는 관계도 발생하였다는 것이다.

이미 지적한 바와 같이 '천황이 본다는 것'은 상징적인 표현에 불과할 뿐, 실제로는 천황을 맞이하러 온 민중이 정렬하여 서있는 자신들의 모습을 외부에게 보여주는 형태를 취하고, 또한 지방의 실태도 분류되어 인식되는 등 마침내 지배의 대상이 될 징후를 보여주었다. 이러한 상황에 이르면 순행이라는 대대적인 행렬형식으로 위광을 보여주려는 행위는 시대에 뒤떨어진 것이 된다. 이제 더 이상 봉련鳳輦이 다니는 시대가 아니었던 것이다.

마지막 대규모 순행은 1885년이었지만, 이보다 훨씬 이전부터 미미하긴 하지만 시각에 의한 정치기술도 조금씩 발전하고 있었기 때문에 머지않아 국가를 정보공간으로 만드는 다음 단계를 향해 은밀히 움직이고 있었다. 1882년 즈음부터는 관공립의 교육시설에 '어진영'의 하사도 시작되었다. 행정조직, 군대, 교육시설은 전국에 빠짐없이 분포하고 있기 때문에 그 모든 곳에 천황의 사진이 배치되어 있는 상태를 상상해보면, 신체적·물리적 이동을 동반하는 순행으로는 도저히 획득할 수 없는 규모로 공간을 지배하는 정보조작의 장치가 상상된다. 더 이상 '행렬의 공간'은 아니었다.

이것이 가능하게 된 것은 우선 사진이라는 복제기술 덕분이다. '어진영'은 천황의 존재를 모든 곳에서 반복하는 지배의 미디어가 되기 시작하였다. 아무튼 키오소네가 그린 '어진영'은 역할이 끝난 순행을 대신하듯이 이번에는 전국의 소학교에까지

배포되어 갔다.

'어진영'의 하사와 예배의례

1889년 12월, 정부는 '어진영'의 하사 범위를 고등소학교까지 확대할 것을 정했다. 새로운 사진이 만들어 졌고, 순행을 대신할 새로운 정치의 단계에 들어섰다는 것을 인식했기 때문이다. 실제적인 하사는 1890년부터 시작되었다.

같은 해 10월에는 교육칙어가 발포되고 그 복사본이 점차 소학교로 하사되었다. 이 시기에 있었던 최대의 정치적 사건은 1889년 대일본제국헌법의 제정이다. 이러한 사건들이 거의 같은 시기에 한꺼번에 발생하는 것은 결코 우연이 아니다. 천황제국가가 요람기를 마치고 새로운 법적 체계와 윤리체계를 정비함으로써 민권운동의 고조를 억누르고 지배체제를 기능시키기 시작한 것이 1887년 전후였기 때문이다.

이미 서술한 바와 같이 키오소네가 그린 초상을 사람들이 어떻게 지각하고 무의식으로든 무엇을 감지했을지 생각해보면, 이는 헌법초안의 내용과도 관계가 없지 않았을 뿐만 아니라 교육칙어의 핵심과도 연결되어 있었다. '어진영'은 살아있는 존재이자 이것을 초월한 존재라는 '이중성'을 지닌 신체로서 이러한 언어 이상의 의미를 표현하고, 직접적인 시각을 통해 민중의 감정에 스며들게 만드는 역할을 담당하였으며, 이러한 감정이 천황제국가를 지탱하는 심층을 형성해갔던 것이다.

그런 만큼 전국교육시설에 대한 '어진영'의 배치는 천황제국가에서 지극히 중요한 정책이었다. 모리 아리노리가 문부대신으로 있을 때, "기원절紀元節과 천장절天長節과 같은 경축일에는 축하 행사를 개최하여 숭경환대崇敬歡戴의 마음을 표시하고, 이것이 일반 학부형들에게도 영향을 끼칠 수 있도록 하는 것은 가장 중요한 사안이다"라고 주장하면서, 학교 경축일을 정하여 교육을 천황숭배의 제사와 관련짓고, 나아가 이것을 일반국민에게도 퍼뜨리려던 것이 바로 여기에서 실현되었다.

어떤 지배기구든 그것은 사람들의 감정으로부터 만들어지는 것이 아니다. 오히려 지배기구 쪽이 사람들의 감정을 불러일으킨다. 게다가 감정을 환기시키는 장치는 인간 그 자체를 대상으로 하는 '기술', 즉 인간을 조작하는 정치에 의해서 만들어진다. 여기에서는 '어진영'의 하사와 의례의 형성이 인간 그 자체를 대상으로 하는 기술로서 어떻게 사람들이 살아가는 공간을 형성했는가라는 관점으로 검토하고자 한다.

공간을 형성하는 정치기술

여기에서는 두 가지 기술을 생각할 수 있다.

첫 번째 기술은 '어진영'을 하사하는 시스템 그 자체이다. 이 시스템은 모든 절차가 아래로부터 원하는 형태를 취하고 있다. 이 절차를 거쳐 '어진영'을 받고, 이것을 예배하는 행위는 모두가 민의民意에 기초한다는 형식이 만들어지고, 민중은 자신이 원해서 그렇게 살아가게 되는 것이다. 하지만 이 시스템 자체는 여기에 관여하는 인간을 계층화하는 독특한 작용을 동반한다. 이것은 '어진영'을 매개로 하여 사회계층을 눈으로 볼 수 있도록 만드는 구조이다. 그러나 이 시스템은 고유한 일본문화의 관습과 매우 비슷한 구조를 만들어 냈다. 나중에 자세히 다루겠지만, 이와 동일한 패턴은 일본의 생활문화 속에서 얼마든지 찾을 수 있다. 만약 이렇게 본다면 메이지정부가 만들어낸 지배기구에는 신체화된 생활문화적인 공간의 정치화라고도 말할 수 있는 측면이 있었다.

두 번째 기술은 사진취급에 관한 '의례'의 형성이다. 이것은 다음 절에서 다루겠지만, 사진취급에 관한 모든 행위가 철저히 의식화儀式化·의례화되고 그 결과 사진에 '신성함'이 만들어졌다. 원래 사진 그 자체가 그림 이상으로 주물화되기 쉽다는 점도 잊어서는 안 되지만, 의례라는 틀거리 안에서는 더욱 그렇게 되기 쉬웠다.

이러한 두 가지 기술, 즉 하사절차와 이를 받드는 의례가 천황제 지배기구를 만들어 내는 기술에 속한다는 점은 분명하다. 하지만 이 기술의 진정한 대상은 민중이었고, 그 목적은 신민臣民이 살아가는 공간을 형성하는 데 있었다.

아래로부터의 천황제

'어진영'의 하사절차란 간단히 말하면, 상부는 만약 갖고 싶으면 신청하라고 말하고 이에 대해 하부가 기뻐하며 용기를 내어 호응하고, 다시 이에 대해 상부가 사진을 '하사'하는 구조라 할 수 있다. 각 현의 지방교육사마다 그 실례를 적고 있으므로, 이를 통해 대략적인 하사절차의 진행상황을 확인할 수 있다. 여기에서는 『나가노현교육사長野県教育史』 사료편에서 그 실례를 확인해보도록 하겠다.

우선 문부성은 1889년 12월 19일부로 지방장관들에게 지금까지는 도청과 부현립학교에 천황과 황후의 사진을 하사해왔지만, "앞으로는 고등소학교에도 신청을 하면 하사할 것"이기 때문에, 될 수 있는 한 우수한 학교를 선발하여 문부성을 통해 궁내성에 신청하도록 하라는 통달을 내렸다. 이렇듯 '신청을 하면'이라는 통달을 받은 현에서는 각 군장郡長들에게 "하사받고 싶으면 신청을 하라"는 통달을 내렸다. 당연히 각 군의 학교들은 앞을 다투며 신청하였다. 현지사는 이러한 학교들의 신청 중 우수한 학교를 골라서 궁내대신 히지카타 히사모토에게 "소학교 학생들이 존황의 지기志気를 양성하여 훗날 제국신민의 의무를 다할 수 있도록" '어진영'의 하사를 특별히 조처해주시길 바란다고 상신함과 동시에 문부성에도 선처를 의뢰하였다.

이리하여 '어진영'의 하사는 외견상으로는 강제적인 압력의 형태와 전혀 상관없게 된다. 그 결과 모든 민중이 자발적으로 그것을 원해서 신청했기 때문에 하사한다는 형식을 취하게 된 것이다. 물론 모든 하사에는 '어진영'을 함부로 다루는 불경을 절대 저지르지 말라는 지시가 내려졌다.

'아래로부터의 천황제'를 만들어낸 이 정책은 교묘하게 기능하였다. 그 결과 하사를 받고 싶다는 바램은 열렬히 표현되었다. 예를 들어 보도록 하자.

아직 심상소학교尋常小学校154)에는 하사되지 않던 1891년, 어느

---

154) 1886년 소학교령에 의해 설치된 초등교육기관의 명칭. 이때 심상소학교는 의무교육으로 수업연수는 4년간이었고, 이후 수차례의 변천을 거쳐 1907년에는 6년간으로 연장되었다. 1941년 국민학교령에 의해 국민학교가 설치된 후 사라졌다.

한 심상소학교의 교장은 본래 심상소학교는 하사받을 수 없다고 생각했지만, 얼마 전 쿄토의 한 학교에서는 예전에 천황이 방문했던 적이 있기 때문에 '어진영'을 하사받았다고 하므로, 천황의 방문을 받은 적이 있는 본교도 '어진영'을 하사받기 바란다면서 "덕육德育의 최대목적은 학생들이 신자臣子의 본분을 깨달아 존황애국의 마음을 발휘하여 훗날 사회에서 일본제국의 충량忠良한 신민이 되는 것임을 믿어 의심치 않습니다"라는 청원서를 제출하였다. 나중에 이 심상소학교에는 '특별한 배려'로 천황의 사진만 하사되었다.

사회계층의 가시화

이러한 절차의 단계적 시스템은 도식화가 가능하다. 우선 '어진영'에 대해서는 민중전체가 신민화되고, 천황 / 신민이라는 커다란 이항대립적 관계가 만들어진다. 이것은 국가라는 공간과 대응하고 있다. 여기에서 신민으로 일괄된 쪽은 절차가 단계를 경과함에 따라 더욱 세세하게 계층화된다.

최상층부의 신민에는 '어진영'을 보관하는 궁내성과 교육계를 총괄하여 신청하는 관청인 문부성의 이항대립적 관계에서 발생하는 하나의 계층이 만들어진다. 이 중에서 교육측은 이후 신청을 독려하고 이에 따른 신청과 실제적인 하사라는 절차에 의해서 하위계층을 잇달아 만들어내게 된다. 그 결과 궁내성 / 문부성, 문부성 / 현縣, 현 / 군郡, 군 / 학교, 학교 / 학생이라는 각각의 관계에서 발생하는 계층이 만들어진다. 이것을 자세히 보면 '어진영'과의 관계가 우열의 기준이 되기 때문에, 한 계층 속의 열위劣位는 다음 계층단계로 가지치기를 하는 구조이다. '어진영' 하사의 신청은 이러한 계층의 역순으로 이뤄지고, '어진영'을 하사하는 '군은君恩'은 신청방향의 역방향으로 진행된다. 하지만 이러한 사회계층은 분명히 존재하고 있는 것이기 때문에, 이러한 절차는 본래 계층화된 사회의 구조를 눈으로 볼 수 있도록 만든다.

천황 / 신하라는 관계의 재생산

나중에 언급할 또 하나의 기술인 의례작용을 통해 모든 구성원은 어떤 계층에 속하더라도 공통의 중심(천황)을 지니고 그 중심에 의해서 자신이 살아가는 듯한 인상을 부여받는다.

실제적으로 그 중심은 각각의 계층에서 우위를 점하는 자가 대행하고 있다. 따라서 이러한 각각의 계층적 공간에는 이른바 우위를 공인받은 중간적 지도자가 존재한다. 이 관계는 극단적인 형태로는 군대조직으로 나타났다. 군대는 이러한 중간적 지도자를 '작은 천황'으로 기능시키는 시스템을 채용하였다. 1882년의 군인칙유에는 "하급자가 상관의 명을 받들 것은 곧 짐朕의 명령을 받드는 것임을 명심하라"고 적혀있다.

이러한 관계는 모든 계층에서 반복되었다. 바꿔 말하면 각각의 단계에서 만들어지는 분절은 반드시 천황 / 신민이라는 커다란 관계를 작은 규모로 재생산했던 것이다. 이러한 구조에 대해 후지타 쇼조 씨는 "천황제국가의 소우주小宇宙, mikrokosmos적 계층질서로 사회가 편성되고, 이렇듯 크고 작은 무수한 천황에 의해서 생활질서 자체가 천황제화되어 갔다"고 정확히 표현하였다.

'어진영'을 보관하는 관리자는 작은 천황 중 한 사람이 되고, 이들은 그 계층에서 열위劣位에 속하는 자들을 향해 천황제지배를 반복하게 된다. '어진영'을 '알현'하고 그 앞에서 교육칙어를 '봉독'하는 것은 소학교 교장의 역할이다. 그 대신 이들에게는 나중에 언급할 끝없는 책임이 발생하게 된다.

이러한 '소우주'에 속한 사람들에게는 자장磁場에 놓인 철조각처럼 중심으로 향하는 정열이 만들어졌다. 천황의 초상이 외경심을 가지고 예배하는 대상이 되고, 때로는 사진을 참배한 자가 감격하여 목이 메었다고 전해질 정도였다. 더욱이 이러한 정열은 집단에게 혼란이 아니라 질서를 가져다 주었다. 보통 '충군애국'이라 일컬어지는 덕목은 이와 같은 장치가 만들어낸 정열이었던 것이다.

차별의식의 형성

아래로부터의 신청이라는 절차는 언뜻 보기에 자발성의 존중처럼 보이지만, 바로 위에 존재하는 상층과의 관계를 명확히 만들기 때문에 계층을 초월하기는커녕 한층 자타의 계층관계를 고정하는 기능을 가지고 있었다. 여기에서 계층구조란 바꿔 말하면 신분제사회이다. 이것이 아래로부터 구성된 공간처럼 보였다면 이는 완전한 착각이다. 신분제사회란 차별이 존재하는 사회이기 때문이다.

이러한 계층적 공간은 하층으로 내려감에 따라 이전에는 배제되어 있던 계층을 새롭게 대상화하고 그 계층을 그때마다 분절시키면서 동일한 형태를 재생산했다. 이는 '어진영'이 하사되어 온 경과를 확인해보면 알 수 있다.

처음 단계에서는 토쿄사범학교^{東京師範学校}155), 토쿄여자사범학교^{東京女子師範学校}156), 제일고등중학교^{第一高等中学校}157) 등과 같은 관공립 학교에 하사되었고, 이어서 심상사범학교^{尋常師範学校}158), 심상중학교^{尋常中学校}159)로 그 대상이 넓어졌으며, 소학교단계에서도 우수한 고등소학교가 우선 선택되고 심상소학교는 맨 나중에 이뤄

---

155) 1872년 학제(学制)에 의해 설치된 관립(官立) 사범학교. 전후에 설립된 토쿄교육대학(東京教育大学)의 모체이다. 토쿄교육대학은 1973년부터 현재의 츠쿠바대학(筑波大学)이 되었다.

156) 1875년에 설치된 관립 사범학교. 1885년 토쿄사범학교에 합병되어 토쿄사범학교 여자부(女子部)가 되었다가, 1908년에 나라여자고등사범학교(奈良女子高等師範学校)가 설치되면서 다시 토쿄여자고등사범학교로 개칭하였다. 1949년 현재의 오차노미즈대학(お茶の水女子大学)이 되었다.

157) 1886년 제국대학령에 의해서 홋카이도(北海道)와 오키나와현(沖縄県)을 제외하고 전국을 5개 지역으로 나누어 설치되었다. 제일고(第一高) 본과(本科)는 현재 토쿄대학 교양학부의 전신이다. 1894년 고등학교령에 의해 구제고등학교(旧制高等学校)가 되었고, 수업연한도 2년에서 3년으로 연장되었다. 참고로 제이고(第二高) 본과는 현재 토호쿠대학(東北大学) 교양학부, 제삼고(第三高) 본과는 현재 쿄토대학 교양학부, 제사고(第四高) 본과는 현재 카나자와대학(金沢大学) 문학부·이학부·교양부, 제오고(第五高) 본과는 현재 쿠마모토대학(熊本大学) 문학부·이학부이다.

158) 초등교원을 양성하는 학교. 1886년 사범학교령에 의해 각 부현에 하나씩 설치되었다. 1897년 사범학교령에 의해서 사범학교로 개칭되었다. 입학자격은 고등소학교 졸업이었다. 사범학교는 졸업 후의 취직을 전제로 수업료를 받지 않았을 뿐만 아니라 생활도 보장되었기 때문에 우수하지만 가난한 학생들의 구제책 역할을 하였다.

159) 구제중학교(旧制中学校)의 메이지 시기 호칭. 남자에 한하여 중등교육을 실시한 학교로서, 1886년 중학교령에 의해 설치되었다. 입학자격은 심상소학교 졸업이었고, 수업연한은 5년이었지만, 1941년 이후 4년으로 되었다. 졸업한 후 구제고등학교(旧制高等学校), 대학예과(大学予科), 대학전문부(大学専門部), 고등사범학교(高等師範学校), 구제전문학교(旧制専門学校) 등으로 진학할 수 있었다. 참고로 여자를 대상으로 한 중등교육기관로는 고등여학교(高等女学校)와 소학교 졸업자에게 취업교육을 실시한 실업학교(実業学校)가 있다.

졌던 처리방식에는 교육기관 그 자체에 끊임없이 우열의 차이를 만들어내는 조작이 작동하고 있다.

당연히 이러한 계층적 차이의 강화는 개인에게 자신만은 이러한 신분제를 넘어서겠다는 욕망을 불러일으켰고, 이는 메이지 시기를 경쟁사회로 만들어서 이 시대에 종종 문학의 주제가 되기도 한 '입신출세'라는 인생의 주제를 발생시키는 장치가 되었다. 그리고 앞에서 언급했던 '충군애국'의 정열과 '입신출세'의 욕망이 자본주의의 발전, 식민지주의, 군국화와 결합하여 '부국강병'이라는 국책을 형성하였다.

일본 생활문화의 시스템

하지만 기묘하게도 이러한 정치적인 장치는 일본의 전통적인 생활질서에 내재하는 장치와 매우 흡사한 패턴을 지니고 있다.

본래 지극히 일본적이라고 일컬어지는 생활문화의 장치에는 '하레ハレ, 晴와 케ケ, 褻160)', '혼네ホンネ本音와 타테마에タテマエ建前161)' '오모테オモテ, 表와 우라ウラ, 裏', '오야케オオヤケ, 公와 와타시ワタシ, 私'라는 이분법이 있다. 여기에서는 이러한 것들의 민속학적인 기원

---

160) 민속학이나 문화인류학에서 '하레와 케'를 말할 경우, '하레'는 의례나 마츠리(祭) 등과 같은 '비일상', '케'는 보통의 생활인 '일상'을 나타낸다. 즉 '하레'는 성스럽거나 축제적인 시공간을 의미하고, '케'는 세속적이며 일상사를 행하는 시공간으로 구분한 것이다. '하레와 케'라는 개념은 일본의 민속학자 야나기다 쿠니오(柳田国男, 1875~1962)가 근대화에 의한 민속의 변용을 지적하는 논거 중 하나로 처음 사용하였다.

161) '혼네'는 본심. '타테마에'는 겉마음을 의미한다. '혼네와 타테마에'는 일본인이 지니는 대인관계의 특성 중 하나로 자주 언급되는 개념어이다. 이외에도 '오모테(겉)와 우라(속)', '오야케(公)와 와타시(私)'라는 개념어가 있다.

을 따지기보다는, 일본인이 자신도 일부분으로 포함되는 사회를 구성해가는 생활문화에서 작용하는 공통의 도식이라는 점을 주목하고자 한다.

자세히 보면 이러한 조합은 결코 균형잡힌 것이 아님을 알 수 있다. 게다가 이것을 생활상에 적용해나갈 때에는 이러한 비대칭적인 조합의 한쪽 측면을 한층 더 이분화하여 동일형태의 조합으로 만들어내는 성향이 있다. '타테마에'는 공인되지만 비공인의 '혼네' 밑에는 언제나 더욱 말하기 힘든 '혼네'와 이러한 레벨에서도 유지할 수 있는 '타테마에'로 분리할 수 있다. 이러한 조합과 단계에 따라 대인관계를 구분하여 사용하는 것이 처세술이다.

이를 일반화시키면 우리들은 완결 또는 안정된 것('오모테')와 미완결 또는 불안정인 혼돈('우라')의 조합을 만들고, 나아가 여기에서 미완결된 쪽의 내부에서 부분적인 질서와 그 나머지의 무질서로 나눠가는 조작이라는 세계를 살아가는 실천적 관습을 지녀온 것이다.

이러한 시스템은 건축의 전통적 공간구성에도 반영되어 있다. 예를 들어 건축사 연구자인 히라이 키요시平井聖 씨가 대면장소를 중심으로 한 근세주택의 분석을 통해, 애초 공적인 것에서 분리된 사적인 것이 단계적으로는 '오야케'와 '와타시'라는 기준으로 재분할을 반복하면서 점차 안쪽으로 확대되는 평면을 형성하고 있다는 점을 밝혀냈을 때 찾아낸 것이 이러한 시스템이다. 이러한 공간구성은 신분제사회와 결합되어 있었기 때문에 근대에 들어서면 붕괴되어 버린다. 이것은 현대도시가 지리공간적으

로는 혼란되어 있는 것처럼 보이지만 붕괴되지 않는 기괴한 현
상에서도 작용하고 있는 시스템이기도 하다. 일본 도시의 흥미
로운 점인 '우라'에서 '우라'로 깊어져 가는 구조도 이 시스템과
관련된다. 이른바 '일본문화'에는 보이는 것(공인)과 보이지 않는
것(비공인)이라는 의미를 위로부터 아래를 향해 나눠서 적용해가
는 메커니즘을 내재시키고 있던 것이 적지 않다. 무형의 '혼네
와 타테마에'를 능숙히 구사하는 생활태도는 남아 있지만, 이것
은 개인주의보다 신분제의 문화가 일본인들 신체에 아직 잔존
하고 있기 때문인지도 모른다.

일본문화와 천황제

이 시스템은 모두 '오모테 / 우라(오야케 / 와타시)'의 관계를 만들
어내어 한편의 '우라(와타시)'가 차례대로 하위인 '오모테(오야케)'
의 관계로 가지를 치며 하강하는 패턴을 지니고 있다는 점에서,
앞에서 살펴본 천황제사회가 지니는 계층제의 양상과 흡사하다
고 할 수 있다. 게다가 이것은 근대의 천황제보다 훨씬 오래된
일상적인 생활의 논리이다. 따라서 근대천황제라는 지배장치는
원래 신분제사회 속에서 신분화된 문화의 도식이었던 점을 이
용하여 미중지배의 정치시스템으로 새로 만들었다고 말할 수
있을 것이다. 그렇다고 한다면 민중은 가족과 향당^{鄕黨}162)의 윤
리 등과 같이 각각의 계층에서 살아가기 위해 스스로 지니고 있
는 도덕 그 자체에 의해서 정치적으로 지배되는 출구가 없는 장

---

162) 자기가 태어났거나 살고 있는 시골 마을, 또는 그곳의 사람들.

치가 된다. 이렇게 생각하면 유교적 덕목이 유효하게 기능했던 것도 이해할 수 있을 것이다.

2. 사진의 취급방법

복사의 허가

'어진영'을 둘러싼 의례를 언급하기 전에 당시의 정부가 사진에 대해 무엇을 생각하고 있었는지 검토하고자 한다. 여기에는 의외로 냉정하고 전략적인 인식이 있었던 것 같다. 그렇지 않다면, 다음과 같이 일정한 조건하에서 '어진영'을 복사해도 좋다는 허가를 내리고 있는 이유를 알 수가 없다.

1890년에 시작하는 소학교에 대한 '어진영'의 하사는 한동안 우수한 고등소학교 중 일부에만 한정되었고 다른 소학교는 이 '군은君恩'에서 배제되어 있었다. 하지만 배제된 측은 천황제사회에서 낮은 등급에 처해진 것이 도저히 참기 힘들었던 모양이다. 아니면 이러한 등급으로 매겨진 것 이상으로 '어진영'에 대한 예배의례를 행하지 않고서는 신민교육을 수행할 수 없다고 생각했을지도 모른다. 이러한 학교는 시중에 판매되는 천황의 초상화를 걸고서 공식적인 '어진영' 의례를, 말하자면 모방하였다.

이때쯤에는 천황의 행사와 황족일가의 모습을 그린 그림이상으로 천황과 황후의 초상을 그린 니시키에와 석판화가 대량으로 인쇄되었고, 마침내 신문의 부록으로도 판매되었다. 이러한 것들은 개인이라도 손쉽게 입수할 수 있었다.

공식적인 의례를 이러한 대용품으로 실시하는 상황을 우려했는지, 1892년에 이르러서 정부는 시市·정町·촌村에서 세운 심상소학교와 유치원에 대해서는 이미 고등소학교에 하사되어 있는 '어진영'을 복사해도 좋다는 통달을 내렸다. 단 반드시 복사한 사진을 보관하는 장소와 알현하는 장소에 대해 명확히 할 것, 복사비용은 해당학교가 부담하며 복사한 사진사의 이름 및 주소를 밝힐 것, 반드시 원본과 동일한 크기로 할 것 등과 같은 세부적인 조건이 제시되었다. 또한 같은 해에는 인쇄물일지라도 질이 좋은 것이라면 알현해도 상관없다는 지시도 내리고 있다.

『카나가와현교육사神奈川県教育史』에 따르면, 카나가와현의 경우에는 복사를 원하는 학교가 그 뜻을 시정촌장市町村長을 통해 현지사에게 신청하고 현의 책임하에 복사를 하며 그 비용만을 각자가 부담하는 것이 방침이었던 것 같다. 폐교가 되었을 때에는 현에게 반납한다는 것도 조건 중 하나였다.

이러한 상황을 감안하여 추론해보면, 천황의 초상을 하사하는 학교를 한정한 것은 하사 범위를 확대하는 효용과 비교하면 점차 의미가 없어지게 되었지만, 만약 심상소학교이하까지 하사하면 그 수가 막대하게 되어 한꺼번에 배부하지 못할 뿐만 아니라 비용도 너무 들 것이다. 이것이 복사를 허용한 현실적인 이유일 것이다.

메이지정부의 사진인식

하지만 거의 무의식적이라 하더라도 '어진영'의 복사허가에는 사진에 관한 인식이 가로막고 있었을 것이다.

당연히 정부는 원래 '어진영'이 키오소네가 그린 콘테화를 복사하여 제작되었다는 점을 잘 인지하고 있었다. 이렇게 만들어진 사진이라면 이것을 복사해도 그 가치는 훼손되지 않는다는, 즉 일반적으로 사진이라는 것은 복사한다고 해서 가치가 변하는 것이 아니라는 생각을 했을지도 모른다. 복사해도 괜찮다는 허가를 내리기 위해서는 정부가 '어진영'은 '사진'인 이상 오직 하나밖에 없어서 바꿀 수 없는 귀중품이라기보다 몇 장이고 인상할 수 있는 복제기술의 산물인 사진이라는, 실로 정확한 인식을 지녀야만 했던 것이다. 따라서 '어진영'의 신성함은 그것을 다루는 의례에서 발생한다고 생각했을 것이다. 물론 이러한 인식은 결코 겉으로 드러나지 않았다.

원래 '어진영'을 하사하려고 했을 때부터 언젠가는 대량의 사진이 필요하리라는 것을 알고 있었기 때문에 사진복제술이라는 생산기술을 피할 수 없었다.

하지만 '어진영'을 제작할 당시 천황을 촬영하는 것이 아니라 키오소네로 하여금 그리게 한 것을 복사했을 때, 원화와 직접 촬영한 사진의 관계에 대해 엄밀하게 인식했던 것은 아니었다. 키오소네의 그림은 사진과 똑같아서 이것을 사진으로 삼으면 충분하다고 생각했을 뿐이었을 것이다. 사실 이것은 사진과 그림을 바꿔친 것인데, 이렇듯 속인 것치고는 지나칠 정도로 숨기지 않았다고 할 수 있다.

따라서 메이지정부로서는 사진과 사실적^{写実的} 회화의 복사를 구분하는 것이 처음부터 큰 문제가 아니었다. 통용시키는 것은 사람들이 분명히 천황을 촬영했다고 믿는 '사진'일 필요가 있었지만, 그 제작방식은 크게 중요하지 않았던 것이다. 그들의 최우선적인 관심은 정치이고, 이러한 정치가 가능하게 되는 공간으로서 시각적 세계가 있고, 구태여 말하자면 여기에서 가장 유효한 기호를 만들려는 것뿐이었다.

이러한 정치적인 인식은 사실^{写実}, 즉 세계를 대상화하여 파악한다는 메이지 초기의 가장 중요한 지적탐구의 정신과는 관련이 없었다. 이 시기에 조금씩이긴 하지만 탐구되고 있던 근대과학, 문학에서의 언문일치와 사생^{写生}의 의미, 그리고 사실^{写実}을 통해 세계를 발견해내려던 회화활동과도 달랐다.

하지만 어떤 의미에서 이것은 정치사회에서 인위적인 픽션^{fiction}으로 작용하는 상징의 기능에 대한 놀라울 정도로 자각된 인식을 포함하고 있었던 것이라고도 할 수 있다. 문제는 그 장치가 완전히 근대국가라고 말할 수 없는 지극히 특수한 장치였다는 점이다.

사진의 주물성

사진은 기계로 만들어진 근대적인 표현이지만 역설적이게도 회화나 조각보다 훨씬 주물화되기 쉬운 표현이다. 사진은 언제든지라고 할 수는 없지만, 사진에 찍힌 인물과 동일화하는 심성을 불러일으키기 쉬운 경향을 그 본성상 지니고 있다. 종종 경험하는 것이기도 하지만, 자신과 특별히 친했던 사람이 죽었을 경우 그 사진은 개인적인 감정에 아로새겨지게 된다. 그러나 이러한 것은 어디까지나 개인적 경험의 범위에서만 일어난다.

이렇게 생각해보면 '어진영'이 감정적인 측면에서 천황의 대리물 또는 분신으로 받아들여질 수 있었던 것은 이러한 개인적 심성이 집단으로 확대되었음을 의미한다. 이것은 '이에家'가 국가로까지 확대되었던 것과 같은 형태이다. 그러나 만약 집단이 한 개인처럼 일체화되어 있는 경우에는 진정한 개인적 주체가 존재할 여지는 없어진다. 그리고 이러한 개인과 집단의 관계가 발생하기 위해서는 의례가 필요하였다.

'어진영'을 성스러운 것으로 받아들일 수 있었던 것은 그 취급방법에 의해서이다. 사진은 이 의례에 의해서 천황의 분신이자 대리물이 되었다.

'어진영'을 둘러싼 언어

이리하여 '어진영'은 항상 어떤 한 종류의 의례 속에 놓여서 결코 밖으로 나온 적이 없었다. 일반적인 의례가 그러하듯이 이 의례에는 언어와 몸짓 그리고 장식을 비롯한 많은 기법이 사용되고 있다. 이러한 것을 조합함으로써 의례가 성립한다.

앞에서 언급한 하사절차 그 자체와 하사받은 사진의 취급을 확실히 구별하거나 경계를 설정하는 것은 어렵다. 하사절차 그 자체가 이미 의례 중 하나이고, 이것에 의해서 비로소 천황의 사진은 특별한 것으로 규정된다. 즉 원하면 하사한다는 발언에서 이미 의례가 시작되는 것이다. 실제로 이 발언은 앞으로 천황의 초상을 하사하겠다는 '명령적 발언'에 다름 아니었다. 이것을 명령적으로 보이지 않게 만드는 장치가 앞 절에서 다뤘던 신청－하사라는 절차였다.

'어진영' 의례를 만들어 내는 기술 중에서 언어의 작용은 매우 크다. 모든 의례는 특별한 언어의 세계 속에 있기 때문이다. 이미 인용한 바와 같이 '어진영' 하사의 신청서에는 '존황의 지기志気를 양성'한다거나 '존황애국의 마음을 발휘'한다는 식으로 태도를 표명한 언어로 가득차 있다. 모리 아리노리의 고시告示나 청원에 사용된 언어는 지극히 형식적이며 비장함이 가득찬 '태도표명의 언어'이다. 이러한 언어의 모든 의미는 각각의 언어가 지니는 고유한 내용이 아니라 태도의 표명에 의해서 만들어진다. 이것에 의해서 이 시대가 온통 특수한 의례 속에서 살아가고 있다는 인상이 만들어지고, 또한 이러한 인상을 당연하게 받아들이게 된다.

일찍이 유대인으로서 나치의 언어를 혹독하게 경험한 언어학자 빅토르 클렘페러Victor Klemperer 씨는 나치시대의 언어를 분석하여 "한 시대의 표정은 그 언어이다"라고 지적하며, 오래 전부터 있던 언어라도 그 시대가 특수한 용법을 부여하면 그것을 사용하는 동안에 그 특수한 용법이 일반적으로 타당하게 생각하게 된다고 주장하였다. 이것은 태도표명의 언어가 반복되는 가운데 어느새 그 언어가 인간을 장악해버리는 언어일반의 정치적 특징을 잘 말해주고 있다.

수령의례

천황초상의 구체적인 취급은 사진의 하사가 결정되었을 때 이것을 '수령'하는 행사에서 시작된다. 일단 사진을 수령한 후에는 끊임없이 신경을 쓰는 통상적인 봉안奉安 및 경축일 기념식이 있었다. 이 중에서 의례로서의 특징을 가장 보여주는 것은 모든 의례의 시작인 '수령' 의례였다. 여기에 모든 '어진영'의 취급방식이 포함되어 있었다. 우선 실례를 통해 그 개략적인 내용을 확인해보도록 하자.

『카나가와현교육사』는 1890년 7월에 요코스카학교橫須賀学校에서 실시된 수령의례에 대해 다음과 같이 기록하고 있다.

7월 12일 요코스카학교에서는 '어진영'을 수령하기 위해 군장·정장町長·교장·정회의원町会議員 등이 모두 카나가와현청에 출두하였다. 현청에서 실시된 '어진영' 수여식은 서술되어 있지 않지만, 1900년 이후가 되면 현청에서는 사진을 대기실에 보관하고 식장에서 건네주는 현과 건네받는 쪽이 차지하는 공간적 위치까지도 미리 정해 놓고 있다.

이날 요코스카학교에서는 수령한 '어진영'을 우선 "미리 준비한 원목상자에 보관"한 뒤 효코하마에서 기선汽船을 타고 요코스카로 향했다. 방파제에는 수많은 마을사람들이 마중나왔고, 방파제에서 학교까지 '어진영'을 맞이하는 행렬이 이어졌다. 학교로 향하는 길에서는 "정장町長과 교장이 어진영을 받들고 군장과 정회의원町会議員들이 그 뒤를 이었으며", 이 행렬을 고등과高等科 학생들이 '존영봉영尊影奉迎'이라는 현수막을 들고 뒤따르고 경찰관이 좌우를 경호하였다. 도로변에는 학교교원, 학생, 공무원 등 마을 전체가 환영하였는데, "도로변에서 보고 있던 노인들이 감격하여 눈물을 흘릴 정도"로 이 행렬은 감동을 불러일으켰다.

학교는 온갖 색색의 휘장과 국기들로 장식되었다. 학교강당의 중앙단상에 '어진영'을 설치한 후 군장이 '어진영' 하사를 알리는 글을 낭독하고 국가를 제창함으로써 수령식은 일단 마무리되었다. 이후 주요 인사들의 예배가 실시되고 학생들의 예배는 다음날 실시되었다. 며칠 후에는 다른 학교 학생들의 예배도 실시되었다.

『카나가와현교육사』는 오다하라소학교_{小田原小学校}의 경우도 기록하고 있는데, 여기에서는 "병풍으로 옥좌_{玉座}를 그리고 생화를 장식한 탁상에 존영_{尊影}을 설치"하였고 식순은 큰 차이가 없다.

교육칙어가 배포된 후의 경축일 기념식도 거의 동일한 형식이기 때문에 생략하기로 하겠다.

이러한 의례가 빈번하게 반복되거나 오랫동안 계속되면 아이들은 재미있을 리 없었다. 이것을 정부 당국자도 알고 있었다. 1893년 문부성은 "빈번히 실시하여 싫어지게 되면" 오히려 역효과라면서 경축일의 기념식을 간소화하도록 내부적으로 훈령을 내리고 있다. 사실 이 행사의 지루함과 우울함을 유소년기에 경험한 적이 있는 사람은 누구든지 트라우마_{trauma}(정신적 외상)처럼 아직도 기억하고 있을 것이다.

사진을 천황처럼 다루다

한편 이러한 행사의 핵심은 사진을 '천황'처럼 다뤘다는 점에 있다. 이것도 행사의 순서를 기술하는데 사용된 언어를 통해 알 수 있다.

예를 들어 앞에서 들었던 예에서 '어진영'을 맞이하는 것은

'봉영奉迎', 행렬에서 뒤따르는 것은 '공봉供奉', '어진영'이 놓이는 곳은 '옥좌玉座', '어진영'이 지나가는 길은 '어도근御道筋', 경호하는 것은 '봉위奉衛'이다. 이러한 용어 외에도 사토 히데오佐藤秀夫 씨가 논문「우리나라 소학교에 있어서 경축일·황실제사와 같은 행사의 형성과정わが国小学校における祝日大祭日儀式の形成過程」에서 소개하고 있는 토쿠시마현德島県의 예에서 사용되는 '어발련御発輦'163)과 '노부鹵簿'164)를 추가하면, 이것은 각지를 순행했을 때 천황을 기록했던 언어들과 완전히 일치한다.

사람들은 '어진영'이 천황자신이 아니라 천황의 사진임을 알면서도 천황을 뵙고 맞이하듯 행동했던 것이다. 사람들은 이전의 순행 때처럼 직접 천황을 눈으로 보는 것이 아니라는 것을 알고 있었다. 하지만 의례의 의미는 현실이 그렇지 않다는 것을 알면서도 연기하는 데서 만들어진다. 이러한 행동이 이 집단에게 중심 또는 신성함을 만들어낸 것이다.

일찍이 메이로쿠사明六社의 발기인이자 훗날 토쿄슈신학사東京修身学社를 세운 니시무라 시게키西村茂樹(1828~1902)165)는 『일본도덕론日本道徳論』(1886년)에서 "민심이 향하는 바가 일정하면 그 나라는 견고해지고, 그렇지 않으면 그 나라는 견고해지지 못한다. 서양 각국의 정부에서 종교를 존중하고 숭배하는 것은 민심이 향하는 바를 일정하게 만들기 위해서이다. 우리나라의 경우에는 이

---

163) 천황의 가마가 출발하는 것.
164) 천황이 행차나 순행을 할 때의 행렬.
165) 메이지 시기의 윤리학자. 1876년에 토쿄슈신학사(東京修身学社)를 세웠다. 1887년에 이를 일본홍도회(日本弘道会)라 바꾸고 유교에 의한 국민도덕의 융성에 힘썼다.

미 가장 존귀하신 황실이 계시다"고 주장하고 있다. 즉 서구에
서 종교가 담당하는 역할과 천황이 국가의 정신적 중심으로서
지니는 역할을 비교하고, 이 중심이 사람들의 사소한 일상생활
을 간섭하는 세속의 권력과 달리 정신적 도덕의 근원을 보여주
는 것임을 분명히 밝히고 있다. 실제로 '어진영'에 대한 예배의
례는 천황에게 모든 덕德이 집중하는 것을 상징적으로 확립시켰
다고도 할 수 있다.

'어진영' 의례는 각 계층이 동일한 중심을 제각기 소유하도록
조직함으로서 일본 전체가 일체화되었다는 확신을 얻는 의례였
다. 니시무라 시게키는 "황실의 안태安泰는 곧 본국의 안태"라고
주장한다. '어진영'에 대한 의례를 실시할 때 사용된 언어는 일
본사회가 이처럼 강고하다고 선언하는 것이었다.

이것은 신화로 설명하는 국가의 기원을 너무도 자연스럽게 침
투시키는 교묘한 방법이기도 했다. 어떤 외진 마을에서 실시되더
라도 이것은 국가의 미니어처miniature로서 '소우주小宇宙, mikrokosmos'
를 재현하였다. 이리하여 하사절차와 의례에 의해 만들어진 이
장치는 놀랄 만한 효과를 거두었다.

천황에 대한 무한책임

하지만 이러한 사회에서는 마루야마 마사오 씨가 지적한 바
와 같이, 측정할 수 없는 도덕적·사회적인 '무한책임'을 국민
이 지니게 되는 결과를 낳았다. '어진영'에 한해서 보더라도 이
러한 무한책임을 확인할 수 있는 실례가 있다.

예를 들어 학교에 화재가 났을 때 '어진영'을 구하려던 많은

교장들은 목숨을 잃기도 하였다. 이로부터 사실이라고는 말할 수 없는 미담도 만들어졌다.

도대체 이 정도의 '무한책임'이 왜 만들어진 것일까. 이것은 여러 가지로 생각할 수 있다. 예들 들어 '어진영'이 불타 버린 책임은 이것을 간직하고 있는 각 계층의 중간적 지도자에게 발생한 '책임'이다. 중간적 지도자라는 존재는 앞에서 언급했듯이 하사절차가 만들어낸 계층적 질서구조에서 발생한 것이고, 이들은 그들이 소속한 계층에서 천황의 대리자이기도 하다. 즉 이른바 절대시되는 존재의 모든 것을 그들이 계승하는 구조인 것이다. 만약 책임이 유한적이라면 자신이 대행하고 있는 것 또한 유한적인 존재가 된다. 이것은 당시 천황제의 원리로서는 있을 수 없는 일이다. 이리하여 이른바 책임은 무한대로 된다. 본래 '어진영'의 신성함이 의례에 의해서 만들어졌다 해도, 이러한 의례에서 사용된 언어야말로 일상 속으로 끝없이 확대되게 된다.

다시 말하면 어떠한 사회계층의 중간지도자든 그 위상은 동일한 패턴의 전통적 심성에서 분화된 시스템에서 '타테마에'의 위상에 해당한다. 이 양쪽—사회적 또는 정신적—의 위상이 겹쳐지면 그 지위에 있는 사람들은 '타테마에'로 움직일 수밖에 없다. 이 '타테마에'를 언어화한 것이 앞에서 언급한 태도표명형의 언어이고, 이러한 종류의 언어가 일상에까지 확대되면 어떤 다른 사고와 선택의 가능성은 불가능하게 된다. 언어는 사고에 앞선 것이기 때문이다.

책임이라는 것은 이러한 사회적·정신적 구조와 언어의 기능에서 발생하는 일종의 국가주의적 강박이었다. 개인적 책임의 문제가 아니다. 일체화된 특수한 언어사회가 인간에게 강제하는 의미작용이다. 이러한 '타테마에'로 행동하는 한 이러한 사회로부터 배제되는 일은 없다. 메이지의 천황제 지배기구가 지니는 놀랄 만한 효과는 이러한 일체화의 실현을 통해서 가능했다.

배제된 사람들

'어진영'의 하사절차가 사회계층을 형성하고 의례가 '어진영'에 신성함을 발생시키는 과정을 더듬어 보면, 여기에서 전혀 언급되지 않았던 문제가 자연스럽게 부각된다. 그것은 '어진영'의 하사와 의례 그 자체로부터 배제되고 이로부터 일탈한 민중의 존재이다.

메이지 초기의 니시키에를 보면 민중이 천황에 대해서조차 그들의 독특한 해학과 유희적 기분을 결코 잃지 않았음을 알 수 있다. 또한 천황의 사진을 촬영한 우치다 쿠이치처럼 유명한 사진가들 이외에도 마치 거리의 배우들처럼 생활한 사진가들도 존재했다. 토호쿠 순행 당시를 적은 키시다 긴코岸田吟香의 여행일기에서도 천황에게 전혀 관심을 보이지 않는 민중의 모습을 찾아 볼 수 있다.

히노마루日の丸의 제정은 메이지 초기에 이루어졌지만, 이시이 켄토石井研堂의 『메이지사물기원明治事物起原』에서는 1872년 니시코쿠 순행 당시에는 거의 게양되지 않았던 히노마루가 1876년 토호쿠 순행 때에는 "도회는 물론이고 산촌의 구석구석까지 빠짐없이 국기를 게양했을 정도"라고 적다. 이를 보면 히노마루가 보급된 듯이 보이지만 여기에는 상당 정도 강제성이 작용하였다.

메이지도 중반에 이르러서야 히노마루가 국기로서 정착되었기 때문에, 경축일에 게양하는 습관은 아직 없었다고 봐야 할 것이다. 이것은 국가의식이 저변의 민중에게 침투하는 데 상당한 시간이 걸린다는 것을 의미한다.

무엇보다도 이미 검토한 바와 같이, 하사시스템 그 자체가 처음부터 하층을 배제하는 시스템적 성격을 지니고 있었다는 점을 잊어서는 안 된다. 메이지국가는 위에서부터 점차 형태를 만들어 간 구조이고, 이것이 배제한 저변은 언제까지나 어둠처럼 형태를 갖추지 못한 채 남겨졌다. 이 암흑의 에너지는 이러한 메커니즘에 의해 압살되어 버린 것이다. 이 에너지는 언제쯤 수면 위로 떠오르는 것일까. 마츠바라 이와고로松原岩五郎의 『최암흑의 토쿄最暗黒の東京』(1893년)와 요코야마 겐노스케横山源之助의 『일본의 하층사회日本の下層社会』(1899년)에서 그려지고 있는 것은 이러한 어두운 부분이었다.

3. 사회의 심층

최하층의 암흑부분

'어진영'이 하사된 이유는 대외적인 관계가 무엇보다도 우선적이었고, 국내적으로는 지방관청, 군대, 관공립학교의 순이었고, 소학교가 마지막이었다. 대외적인 것은 차치해 두고 국내만을 보면, 이미 언급한 바와 같이 하사되는 곳은 우선 대상을 선별하여 차이를 만드는 방식으로 시작하고 있다. 고등소학교까지의 하사가 결정된 1889년 단계에서 세분화된 공간의 최하층은 고등소학교와 학생들이었지만, 실은 아직 더 남아있었다.

이러한 시스템은 메이지사회를 단순히 계층화하는 것만이 아니라, 충분히 아래까지 도달한 듯이 보여도 최하층에는 항상 배제된 채 형태도 갖추지 못하는 부분을 남겨 놓는 것이었다. 물론 최우수 학교로 선택되지 않았던 고등소학교와 심상소학교도 있지만, 이것이 결국 이 시스템이 만들어 낸 계층 속으로 편입되는 것은 시간문제였다. 이것 이상으로 큰 문제는 이 시대에 학제学制가 실시되기는 했지만, 취학률은 아직 낮아서 학교에 다니지 못하는 아이들이 적지 않았다는 사실이다.

당시에는 소학교에도 수업료가 필요했다. 공식적으로는 소학교의 매월 학비가 50전錢이었는데, 이는 당시의 쌀값이 1승升 5전이었던 것에 비하면 10배나 되는 금액이었다. 실제로 학비가 징수되는 경우는 적었다고는 하지만, 여전히 미취학 아동의 수는 매우 많았다. 요코야마 겐노스케가 보고하고 있는 통계에 따르면, 1896년에도 취학률은 아직 64%였다.

『일본의 사회운동日本の社会運動』에서 요코야마 겐노스케는 이러한 아이들이 끊임없는 부부싸움 때문에 집을 나와 마을을 배회하다가 어른이 되어서는 범죄자 집단에 들어가는 경우가 많은 현재 상태에서, 전국에 2만 수천 개에 이르는 소학교가 있다 하더라도 "요란스런 교육론도 수많은 소학교 건물도 빈민아동에

게는 하등의 쓸모가 없다. 이것이 일본제국의 소학교이고 실제
로는 빈민아동과 아무 관계없다고 말한다면, 외국의 교육 사업
이 성대함을 부러워하며 그들의 성대한 교육이 우리 일본의 교
육과는 전혀 관계없다고 보는 것과 마찬가지"라고 논하면서, 만
약 수업료 문제를 해결한다 해도 빈부의 격차가 격심한 아이들
이 함께 배우는 것은 한층 차별을 만들어내는 결과가 될 것이라
고 지적한다.

이후 빈민을 위한 사립 소학교가 만들어졌지만, 이렇듯 교육
에서 배제된 아이들은 학교 경축일에 실시되는 천황초상에 대
한 예배의례 등을 경험하지도 않았을 뿐만 아니라 이것이 어떠
한 의미도 지닐 수 없었다.

메이지사회는 신분, 즉 빈부의 차에 의한 계층사회임과 동시
에 엘리트/비非엘리트의 차이가 강조되는 계층사회였다. 예를
들어 돈이 없어도 대학을 졸업하면 곧장 관원의 길이 열렸기 때
문에 학교자체가 이러한 입신출세와 깊은 관계를 맺고 있었다.
이것은 계층사회의 계단을 기어올라 마침내 지배계급으로 연결
되기 위한 수단이 되었다.

하층계급에 대한 천황제 침투

배제된 결과, 글을 쓰거나 읽을 수도 없는 하층계급의 인간이
천황제국가로 편입되는 하나의 기회는 아마도 징병제도였을 것
이다. 징병령은 1873년에 발포되었다. 당시에는 징병령에 대한
반란도 있었지만, 이것이 진정된 후 상층계급과 고등교육을 받
은 자들은 교묘하게 이를 피해나가는 특권을 누렸기 때문에 결

국 징병된 자들은 농민이나 빈민들이었다. 따라서 메이지 초기의 군대는 그들이 글쓰기와 읽기를 터득하고 서양식 생활을 익혀서 이를 향유할 수 있게 되는 기회임과 동시에, 근대사회가 요구하는 노동력으로 된 신체를 획득하거나 때로는 사회문제의 모순까지도 알 수 있는 기회가 되었다.

이때 그들은 천황을 정점으로 하는 계층제도 속에 편입되어 갔고, 이미 언급한 후지타 쇼조 씨의 표현을 빌리자면, 소천황小天皇인 상급자와 처음 접하고 다음에는 자신이 소천황이 되는 경험을 했음에 틀림없다. 이후 메이지의 청일전쟁과 러일전쟁을 통해 이 군대가 천황제국가 속에서 수행한 기능은 비약적으로 변했는데, 이에 대해서는 검토하지 않도록 하겠다.

물론 천황제 또는 '어진영'의 하사와 예배에 의해 빈민이 만들어지는 것은 아니다. 이것은 사회 그 자체의 정치적·경제적 제도에서 만들어진다. 그러나 마츠바라 이와고로가 '최암흑'이라고 부른 지역에 사는 최저변의 인간은 그들의 계층을 명확하게 만드는 '어진영'의 하사시스템에 의해서 오히려 도시와 사회의 밑바닥에 처해진 상태라는, 전체에 대한 상징적인 의미를 분명히 하게 된다. 그들은 배제됨으로써 천황제국가라는 전체와 연결되어 있었던 것이다.

마에다 아이 씨는 마츠바라 이와고로의 『최암흑의 토쿄』에 대해 다음과 같이 그 의도를 설명하고 있다.

로쿠메이칸(鹿鳴館)으로 상징되는 토쿄의 표층-'문명' 도시의 이면에서 마츠바라가 발견한 것은 '동물도시'의 섬뜩한 활력이었다. 여기에서는 의식 밑에 억압되어 있는 다양한 욕망이 원시적인 패거리들 속에서 노골화되고 있다. 도시가 부끄러워해야할 부분, 불결한 장소로서 소외되어 있는 시타타니(下谷)의 반넨초(万年町), 요츠야(四谷)의 사메가바시(鮫ヶ橋), 시바신아미초(芝新網町) 등과 같은 빈민촌이 실제로는 ‘동물도시’의 또 다른 중심을 형성하고 있고 ‘문명’도시에 끊임없는 에너지를 공급하고 있는 ‘암흑’세계인 것이다. 마츠바라는 ‘문명’과 ‘암흑’을 양극으로 삼는 수직축으로 메이지의 토쿄를 파악하려 했던 것이다.

천황제의 정치적 우주론

마츠바라 이와고로의 이미지에 대한 정확한 지적은 도시를 우주론적으로 파악하는 마에다 아이 씨의 관점에서 나온 것이지만, 그 ‘수직축’이라는 단어는 천황제의 계층사회를 정치적 우주론으로 이미지화하는 데 유용하다. 즉 이렇게 배제된 민중은 본래 천황의 시각화에서 시작하여 ‘어진영’에 도달한 하나의 정치적 우주의 기축이 되는 수직축이 뿌리내린 보이지 않는 하단이기도 하기 때문이다. 근대천황제는 최하층 민중의 암흑을 필요로 했던 것이다.

이러한 우주론적 구조에 대해서는 아마도 그곳에 있었던 누구도 생각하지 않았을 것이다. 또한 이것은 그저 종교사적인 입장에서 논해지는 국가신도의 확장만으로는 설명할 수 없을 뿐만 아니라, 유교도덕도 그 근간에는 성립하고 있지 않았다. 아마도 이렇듯 우주론적 구조를 문제시하는 것은 케케묵은^{archaic} 주권론이라는 시야에 속할지도 모른다. 그러나 천황제가 인간의 고층(古層)에 속하는 것을 포함한다 해도, 현실적으로 천황제국가는 근대사회이기도 하다. 이것은 당시의 문화 · 사회 · 경제적 상

황 등을 모두 포함하는 전체를 정치적으로 통합하는 상징적 의
도로서 등장하였는데, 그 대상의 범위는 정점에 있는 천황은 물
론이고 최하층의 민중에까지 도달하였다. 천황제라는 계층사회
가 예를 들어 '어진영' 하사라는 절차 속에서 만약 최하층민을
철저히 배제했다고 하더라도, 그 배제구조 자체가 이 사회적 우
주의 본질적인 구조라고 한다면 권력은 민중이라는 지배대상이
없으면 기능하지 않고 민중은 권력의 속박을 버팀목으로 삼고
있다는, 완전한 폐쇄적인 구조를 부정할 수 없게 된다. 가령 그
것이 다이너미즘^{dynamism}을 내포하고 있다 하더라도 출구가 없다
는 점에는 변함이 없다.

1900년 소학교령 시행규칙에 명기되어 있듯이, 기원절^{紀元節}과 천장절^{天長節}과 같은 경축일에는 교직원 및 아동들이 키미가요^{君が代}를 제창하고 어진영에 경례를 한 후 교육칙어를 봉독하는 등의 행사가 준비되었다. 전전^{戰前}의 교육을 받았던 국민들에게는 영원히 계속될 듯 생각되었지만, 그렇지 않았다.

일본은 1945년에 연합군에게 패했다. 이때부터 여러 변화가 필연적으로 발생했지만, 패전이 곧 전전 국가의 소멸은 아니었다. 공습으로 거의 모든 도시는 폐허가 되었을 뿐만 아니라 원폭이라는 결정타까지 입어서 누가 보더라도 패배가 분명함에도 불구하고, 항복한 후 즉시 천황제국가를 해체하려는 움직임은 없었다. 원래 포츠담선언의 수락을 둘러싼 논의는 국체를 보존할 수 있는지 여부에 집중되어 있었다. 지금 생각해보면 이상하지만, 메이지 이후의 천황제에서 배양된 국민의 심성은 패배의 책임을 져야 하는 제도를 뿌리부터 뒤집어엎을 생각을 하지 못할 정도로 강렬했다. 어진영 예배는 물론, 어진영 자체를 폐지하고 교육칙어를 무효화시키는 과정을 보면 당시 지배층에 속하는 인간들도 현실을 전혀 실감하지 못했음을 알 수 있다. 하지만 어진영은 마침내 사라졌다.

패전으로 결정적인 타격을 받은 것은 군대였다. 언젠가는 무장이 해제된다는 것은 포츠담선언의 수락으로 분명해졌지만, 이에 대한 대응은 너무도 빨랐다. 포츠담선언의 수락이 결정되자마자 육군대신은 각지의 고급지휘관들에게 때를 놓치지 말고 어진영·군인칙유·군기軍旗 등을 '불로 태우奉燒'도록 명령하였다. 이러한 것들이 연합군의 손에 넘어가지 않도록 한다는 것이 일본 군대에게 남겨진 유일한 자긍심이었던 것일까.

군대의 경우는 기구 그 자체가 소실되기 때문에 늦기 전에 처분하는 데 주저함이 없었다. 하지만 어진영과 교육칙어는 오로지 학교교육과 관련되어 있었다. 학교교육은 앞으로도 존속한다. 이제까지의 교육이념, 즉 국체호지国体護持를 주된 내용으로 하는 방침은 금방 바뀌지 않았다. 패전직후에는 여전히 어진영 예배와 교육칙어 봉독이 실시되고 있었는데, 특히 교육칙어에 관해서는 1946년에까지도 여전히 교육의 기본이라는 사고방식이 남아있었다.

그러나 천황제를 어떠한 형태로든 남기면서도 미국이 이를 이용하기 쉬운 국가로 만들려던 점령군의 생각은 단순히 냉전에서 비롯된 것은 아니었다. 후지타니T. Fujitani 씨가 발견한 전전

에 라이샤워^{Reischauer}(1910~1990)[166]가 적은 메모에도 드러나 있듯이, 이것은 미국이 훨씬 이전부터 가지고 있었던 대일정책에 뿌리를 둔 일본지배의 현실화였다. 아무튼 점령군은 천황제를 이용하면서 일본이 또다시 초국가주의로 빠지지 않도록 교육개혁을 추진하기 위해 신사신도^{神社神道}에 관한 의견을 홀텀^{D. C. Holtom} 박사에게 요청하였다. 이것이 「신사신도에 관한 홀텀박사의 권고^{ホルトム博士の神社神道に関する勧告}」(1945년 9월 22일)로 알려져 있는 문서이다. 이 중에서 어진영에 관한 의견만을 살펴보도록 하자.

> 둘. 어진영 앞에서 경례하는 학교행사는 폐지해야 한다. 봉안전(奉安殿) 즉 어진영을 보관하기 위한 학교의 특별실은 폐쇄하든지 아니면 다른 용도로 바꿔야 한다. 어진영은 학교의 보통생활 속에서 접할 수 있는 접근성이 용이한 장소, 예를 들면 교장실에 걸어두어야 한다.

이것은 어진영의 완전한 폐지보다 어진영에 의한 천황 신격화의 부정을 의도하는 권고였다. 이는 지금까지 검토한 바와 같이, 어진영이 천황 자신과 동일시되어 온 과정이 있기에 갑자기 폐지함으로써 국민에게 끼치는 영향이 매우 클 것을 고려했기 때문일 것이다. 점령군은 1945년 12월 15일 이른바 「신도지령^{神道指令}」을 내렸는데, 이보다 앞서 제출된 「신도지령 · 담당자연구^{神道指令 · 担当者研究}」(12월 3일)에서는 홀텀과 샤퍼^{E. H. Schafer}의 의견을 참조하고 있다. 여기에는 어진영이 다루기 어려운 문제라고 적혀있다. 지도자의 초상을 거는 것은 여러 나라에서 실시하고 있기 때문에 무조건 부정할 수는 없지만, 일본의 어진영은 국가신도

---

166) 주일미국대사를 역임한 동양사 연구자로서 근대화론을 주장하였다.

와도 관련이 있는 지극히 특수한 것이기 때문에 그 신격화를 근절해야만 한다고 생각했을 것이다.

그러나 패전직후의 궁정관료들은 어진영이 지녀왔던 정치적 의미를 시정하기보다, 지금까지는 쇼와천황昭和天皇의 어진영이 대원수의 군인복장이었지만 이제 군대가 없어져서 더 이상 대원수가 아니게 된 이상, 어진영이 군인천황의 모습이어서는 곤란하다고 생각하였다. 따라서 고안된 것이 새로운 '천황복天皇服'167)이었다. 이것은 어중간하고 조금은 촌스러운 것이었다. 궁내성은 이것을 입은 새로운 어진영을 생각하였다. 따라서 문부성은 군인복장의 어진영을 '천황복'의 어진영으로 바꿔서 다시 하사할 예정이므로 지금의 것을 반납하라고 대수롭지 않게 각 지방관청에 지시하였다. 당시 정부에서는 어진영이 패전 후의 일본에서 더 이상의 의미를 지니지 못할 것이라는 단기적인 전망조차 갖고 있지 않았던 것이다. 각 현과 시의 교육사를 보는 한, 이러한 지시와 반환 시기 등은 일치하지 않는다. 몇몇 현과 시의 경우는 이미 1945년 12월 18일에 현으로 반환했지만, 예를 들어 『카가와현교육사香川県教育史』에 따르면 문부성의 지시는 12월 25일자였고, 12월부터 이듬해 1월에 거쳐 반환된 경우도 있었다. 어느 것이 정확한지는 중요하지 않다. 궁내성의 결정은 11월중에 내려졌고, 12월에는 문부성이 지시를 내렸다. 패전한 해의 연말부터 이듬해 연초에 거쳐 지방관청이 이전의 어진영을 거의 모두 수거하여 학교에서는 그 모습을 감추고 말았다.

---

167) 패전직후 군복을 벗은 천황이 양복을 입은 모습으로 등장하기 전에 착용한 의상. 교복과 비슷한 디자인이었다.

즉 전후의 역사 속에서 펼쳐진 일본사회의 재편은 이러한 전전의 관료적 사고의 한계를 극복하며 진행되었던 것이다. 시각적인 천황상天皇像은 그가 '아키츠미카미現御神'였을 동안에는 이와 동일시되는 의례에 의해서 매우 유효한 지배의 메커니즘이 될 수 있었지만, 그가 '인간선언'을 하고 신화에 근거를 두는 '아키츠미카미'임을 스스로 부정한 이상, 이제 그러한 효력을 지닐 수 없게 되었다. 참고로 인간선언이라는 것은 때에 따라서는 매우 거만하게 볼 수도 있는 문구이다.

한편 이렇게 수집된 어진영은 어떻게 처분되었을까.

패전 이듬해에는 이러한 어진영을 '불로 태워' 버리라는 지시가 내려졌다. 곰곰이 생각해보면 이것은 어진영을 처분하는 것임에는 틀림없지만, 태우는 것은 신사의 부적을 처분하는 것과 동일한 행위이다. 즉 신성함을 유지한 채 신격화되었던 어진영을 소멸시키는 것이었다. 게다가 국민들이 볼 수 없도록 몰래 정성들여 '불로 태우'는 것이 의무였다. 따라서 관계자를 제외한 일반국민은 어진영이 어떻게 되었는지 모르는 사이에 소멸한 것이다.

어진영을 보관했던 '봉안전奉安殿'은 점령군의 요청에 의해 철거되었는데, 이 중에는 학교 부지 안에 콘크리트로 훌륭하게 지어 놓은 것도 있었다. 따라서 이것을 철거하는 데 많은 시간과 노동력이 동원되었고 겨우 1947년에서야 모든 철거가 마무리되었다.

한편 궁내성은 새로운 '천황복'의 어진영을 하사할 계획을 세웠고, 이처럼 비非신격화된 이 사진에 대해서는 점령군도 반대하지 않았다. 이 계획도 전전처럼 원하면 하사한다는 방식을 취하고 있었다. 본래 어진영은 그 사진의 효과 이상으로 하사시스템이 천황제를 아래로부터 지탱하는 구조를 만들어내고 있었기 때문이다. 하지만 이미 전전의 신도교육을 극복하려던 시대였던 만큼 이제 더 이상 하사를 원하는 국공립학교는 없었다. 이것은 패전 후에 진행된 역사의 움직임이 만들어낸 것이었다. 마침내 천황일가의 가족사진이 사회에서 범람하기까지는 아직 약간의 시간이 필요했다.

****

이 책은 『시소思想』 1986년 12월호에 발표했던 논문을 발전시켜서 1988년 7월에 이와나미신서岩波新書로 출판한 후 오랫동안 쇄를 거듭해오다가, 이번에 이와나미서점岩波書店의 현대문고現代文庫 시리즈에 포함되었다.

이 책은 메이지 초기에 권력의 시각화를 도모했던 오쿠보 토시미치 등의 목표에 근대가 발명한 사진이라는 시선이 겹쳐지고, 이 사진을 하사하는 구조와 사진을 예배하는 의례에 의해서 민중이 벗어날 수 없는 천황제국가라는 정치공간이 만들어지기까지를 주제로 삼고 있다. 이때의 천황은 다름 아닌 메이지천황이다.

이리하여 제2차 세계대전에서 패전하기까지 어진영은 교육칙어와 한 조를 이루었고, 이를 통해 학교교육을 지배하는 시스템이 유지되었다. 이것은 패전에 의해서 어느 사이엔가 소멸해버

렸다. 따라서 어진영의 소멸에 대해 간단하게나마 언급해 두었
다. 격동의 와중에 지배자는 역사의 움직임을 이토록 볼 수 없
었던가에 놀랐고, 또한 지금도 이전처럼 보이지 않는 정치공간
에 둘러싸여 있음을 새삼 생각하지 않을 수 없었다.

2001년 12월
타키 코지

참고문헌

메이지유신, 천황에 관한 문헌, 참고서적은 무수히 많지만, 이하는 이 책에서 직접 인용 또는 참조한
것과 근래 화제가 된 것으로 한정하였다.

1. 사료

宮内庁, 『明治天皇紀』 第1~第12, 吉川弘文館, 1968~1975.
立教大学日本史研究会編, 『大久保利通関係文書』 1~5, 吉川弘文館, 1965
　　　~1971.
木戸公伝記編纂所編, 『木戸孝允文書』 第1~第8, 日本史籍協会, 1930~1932.
『岩倉具視関係文書』 1~6, 日本史籍協会, 1927~1932.
多田好問編, 『岩倉公実記』 上・中・下, 原書房, 1968.
『明治文化全集 皇室編』 第17巻, 日本評論社, 1928.
『天皇と華族』 日本近代思想大系2, 岩波書店, 1988.
『西洋見聞集』 日本思想大系66, 岩波書店, 1974.
『渡邊崋山・高野長英・佐久間象山・横井小楠・橋本左内』 日本思想大系

55, 岩波書店, 1971.
伊藤博文・金子堅太郎, 平塚篤校訂,『憲法資料』上・中・下, 憲法資料刊
　　行会, 1934.
『グラント将軍との御対話筆記』, 国民精神文化研究所, 1937.
松原岩五郎,『最暗黒の東京』, 岩波文庫, 1988.
横山源之助,『日本の下層社会』, 岩波文庫, 1985.

2. 참고서적

福沢諭吉,『日本皇室論』, 時事新報社, 1931.
渡辺茂雄,『明治天皇』, 時事通信社, 1966.
渡辺幾次郎,『明治天皇』, 宗高書房, 1967.
網野善彦,『異形の王権』, 平凡社, 1986.
猪瀬直樹,『ミカドの肖像』, 小学館, 1986.
後藤靖編,『天皇制と民衆』, 東京大学出版会, 1976.
丸山真男,『日本の思想』, 岩波新書, 1961.
　　　　,『日本政治思想史研究』, 東京大学出版会, 1952.
藤田省三,『天皇制国家の支配原理』, 未来社, 1966.
村上重良,『国家神道と民衆宗教』, 吉川弘文館, 1982.
大久保利謙,『森有礼』, 文教書院, 1944.
海後宗臣,『元田永孚』, 文教書院, 1943.
志賀重昂,『日本風景論』, 岩波文庫, 1937.
西村茂樹,『日本道徳論』, 岩波文庫, 1935.
大蔵省造幣局編,『造幣局百年史』, 大蔵省造幣局, 1976.
斎藤月岑, 金子光晴校訂,『武江年表』第1・第2, 東洋文庫, 平凡社, 1969
　　〜1970.
アーネスト・サトウ, 坂田精一訳,『一外交官の見た明治維新』上・下, 岩波
　　文庫, 1960.
エドワード・S・モース, 石川欣一訳,『日本その日その日』1〜3, 東洋文庫,
　　平凡社, 1970〜1971.

前田愛,『近代日本文学の空間』, 新曜社, 1983.

前田愛,『幻景の明治』, 朝日新聞社, 1978.

樋口弘編著,『幕末明治の浮世絵集成』, 味灯書房, 1955.

小西四郎編,『錦絵 幕末明治の歴史』1~12, 講談社, 1977~1978.

丹波恒夫,『錦絵にみる明治天皇と明治時代』, 朝日新聞社, 1966.

『明治文化史13 風俗』, 原書房, 1979.

『明治文化史12 生活』, 原書房, 1979.

隈元謙次郎,『明治初期来朝伊太利亜美術家の研究』, 三省堂, 1940.

イタリア文化会館編,『お雇い外国人エドアルド・キョッソーネとその時代展』, 国立近代美術館, 1976.

日本写真家協会編,『日本写真史 一八四〇～一九四五』, 平凡社, 1971.

遠藤武,『服飾近代史』, 雄山閣, 1969.

家永三郎,『日本人の洋服観の変遷』, ドメス出版, 1976.

今和次郎監修, 遠藤武・石山彰,『図説日本洋装百年史』, 文化服装学院出版局, 1962.

ロイ・ストロング, 星和彦訳,『ルネッサンスの祝祭』, 平凡社, 1987.

アンドレ・ルロワ゠グーラン, 荒木享訳,『身振りと言葉』, 新曜社, 1973.

ミシェル・フーコー, 田村俶訳,『監獄の誕生』, 新曜社, 1977.

エチエンヌ・ジルソン, 佐々木健一・谷川渥・山県熙訳,『絵画と現実』, 岩波書店, 1985.

バーナード・ベレンソン, 島本融訳,『美学と歴史』, みすず書房, 1975.

Kantorowicz, E. H., *The King's Two Body*, Princeton, 1957.

3. 주요논문

佐々木克,「天皇像の形成過程」,『国民文化の形成』所収, 筑摩書房, 1984.

佐藤秀夫,「わが国小学校における祝日大祭日儀式の形成過程」,『教育学研究』30−3, 1963.6.

内藤正敏,「御真影」,『写真装置』9, 1984.3.

師岡直次,「天皇, 皇后両陛下の写真＜御真影＞の研究」,『カメラレビュー』

31, 1983.10.
松本健一,「天皇の写真」『ユリイカ』, 1984.4.
渡辺浩,「『御威光』と象徴－徳川政治体制の一側面」,『思想』, 1986.2.
沢護,「エドァルド・キョソーネ伝」,『三彩』350, 1976.
武藤智雄,「わが国の文化とイタリアの協力－キョッソーネと明治天皇御尊
影の謹写」,『中央公論』, 1983.5.

1940년 3월 9일에 가결된 중의원衆議院의 '성전관철결의안聖戰貫徹決議案'은 전쟁의 대상을 중국에서 아시아 전역으로 확대하겠다는 의지를 표명이었다. 이에 따라 같은 해 7월에는 대본영정부연락회의大本營政府連絡会議에서 무력행사를 포함한 남진정책이 결정되었고, 이어서 9월에는 일본군의 베트남지역 진군과 3국 동맹 조인, 그리고 10월에는 국민통제조직인 대정익찬회大政翼賛会의 발대식이 거행되었다. 우리 모두가 알고 있듯이 이러한 일련의 움직임은 결국 두 번의 원폭투하라는 대참사를 겪은 후에야 그 행보를 멈추었다.

우연치고는 너무도 상징적으로 같은 1940년 3월에 『현대 국민예법의 상식現代国民礼法の常識』이라는 흥미로운 서적이 출판되었다. 이것은 "남·녀중등학교, 청년학교, 소학교 등 기타 각종학교에

서 교편을 잡고 있는 교사들이 학생이나 아동들을 가르칠 때 자료로 참고할 만한 일상적인 예의작법礼儀作法(이른바 예절)의 상식”을 정리한 것으로, 교사들이 교육현장에서 “예의작법을 지도”하기 위한 지침서이다.168) 여기에서는 ‘예의작법’을 “진심어린 미美의 발로이자 도덕상의 자연스러운 요구”라고 규정지으면서, 「어사진御写真 · 칙어 · 어초상御肖像 · 어문장御紋章 · 어국기御国旗를 받드는 마음자세」라는 항목을 설정하고 있다. 이중 ‘어사진’에 대해서는 “그 신성하고 존엄함”이 더할나위 없으므로 “근신勤慎 · 경건敬虔한 마음자세로 성심 · 성의 · 정중하게 다뤄야 한다. 이것이야 말로 우리 국민교육의 근본정신”이라고 설명하면서, “우리 신민臣民이 황실을 존경하는 순정純情은 이 어사진을 받들어 모시는 것에 의해서 한층 강화된다”고 강조하고 있다.169) 여기에서 ‘어사진’은 이른바 ‘어진영’이라 불리는 ‘천황의 초상’을 말한다. 즉 1945년 이전의 일본이 ‘기원절’이나 ‘천장절’과 같은 경축일의 기념식에서 반드시 실시하였던 그 ‘어진영’에 대한 ‘예의작법’을 일반국민이 일상생활 속에서 지녀야 하는 ‘예의작법’의 출발점으로 보고 있는 것이다.

　타키 코지多木浩二 씨의 『천황의 초상天皇の肖像』은 이처럼 1945년 이전의 일본에서 일반국민이 지녀야 할 ‘예의작법’의 출발점으로 기능하였던 ‘어진영’이 어떻게 만들어지고 이것이 근대일본의 정치과정에서 어떠한 정치적 기능을 수행하였는지를 분석한

---

168) 甫守謹吾, 「例言」(『現代国民礼法の常識』, 帝国教育会出版部, 1940), 1면.
169) 위의 책, 105~106면.

것이다. 물론 '어진영'의 형성과정 등을 역사적 관점에서 분석한 연구는 다수 존재한다. 하지만 타키 코지 씨는 자신의 주된 전공인 예술학·기호학을 바탕으로 '어진영'의 형성과정 속에 내재되어 있는 '권력'과 '예술'의 관계, 즉 '권력의 시각화'라는 독특한 관점에서 '어진영'을 둘러싼 정치과정의 역사를 분석하고 있다. 바로 이 점이 이 책을 근대일본사에 관한 중요문헌 중 하나로 꼽게 만드는 이유이기도 하다.

하지만 이 책에서 제시되고 있는 '권력의 시각화'라는 관점은 비단 근대일본사 연구에만 한정되지 않는다. 근대국가들 간에는 통치자의 초상사진을 '국가의 표상'으로 교환하는 외교적 관례가 있었고, 당시의 대한제국 또한 이러한 외교적 관례로부터 예외일 수는 없었다. 즉 대외적으로 '국가의 표상'이라는 기능도 수행해야 했던 '어진영'과 같은 존재는 일본과 마찬가지로 근대국가의 틀거리를 만들어 나가야 했던 당시의 대한제국에서도 절대적으로 필요했던 것이다. 따라서 이 책에서 제시하는 '권력의 시각화'라는 관점은 문명화된 근대국가의 표상으로 추진되었던 '고종의 초상'을 분석함에 있어서도 새로운 시점을 제공해 주고 있다.170)

이 책의 번역은 와카쿠와 미도리若桑みどり 씨의 『황후의 초상皇后の肖像』(筑摩書房, 2001년)도 함께 번역하기로 하면서 시작되었다. 제

---

170) 이러한 시점에서 '고종의 초상'을 분석한 연구로는 권행가(權幸佳) 씨의 박사논문 「고종황제의 초상—근대 시각매체의 유입과 어진의 변용과정」(홍익대학교 대학원 미술사학과 한국 근대미술사 전공, 2005)이 있다. 소명출판에서 출간될 예정이다.

목에서도 알 수 있듯이 『황후의 초상』은 『천황의 초상』에서 제시하는 '권력의 시각화'라는 관점에 '젠더'의 시각을 추가시켜 근대 일본의 황후를 분석한 것이다. 이 또한 종종 그 사진의 진위만이 언급될 뿐인 아직 구체적인 분석이 이뤄지지 않고 있는 '명성황후'의 사진을 분석하는 데 매우 유요한 관점을 제시해주고 있다.

끝으로 출판업계의 어려운 상황 속에서도 흔쾌히 두 권을 함께 출판할 것을 약속해 주신 소명출판의 박성모 사장님. 그리고 번역하는 과정에서 번역투의 문장을 읽기 쉽게 다듬어준 아내 홍미화에게 감사하는 마음을 전한다.

2007년 6월
박삼헌